MONUMENS INÉDITS

DE

L'HISTOIRE DE FRANCE.

I.

Se trouve aussi à PARIS,

CHEZ RORET, LIBRAIRE,
RUE HAUTEFEUILLE;

P. DUFART, LIBRAIRE,
QUAI VOLTAIRE, N° 19.

CORRESPONDANCE
DU ROI CHARLES IX

ET

DU SIEUR DE MANDELOT,

GOUVERNEUR DE LYON,

PENDANT L'ANNÉE 1572,

ÉPOQUE

DU MASSACRE DE LA SAINT-BARTHÉLEMY.

———

LETTRE DES SEIZE
AU ROI D'ESPAGNE PHILIPPE II,

ANNÉE 1591.

A PARIS,

CHEZ CRAPELET, IMPRIMEUR-ÉDITEUR,

RUE DE VAUGIRARD, N° 9.

M DCCC XXX.

AVANT-PROPOS.

On s'occupe beaucoup en ce moment de la *Saint-Barthélemy*. On en recherche les causes, on en développe à plaisir les horreurs. Rien de moins surprenant : chaque siècle littéraire a sa direction particulière ; le nôtre (s'il est permis à un contemporain de le juger) se distingue des précédens par une grande prévention contre les temps passés. Il sembleroit que nos annales n'offrissent qu'une collection de pages honteuses ou sanglantes , et qu'on ne pût y tomber que sur la démence de Charles VI, les massacres de Charles IX, ou les turpitudes de Henri III. *Le reste est un vain songe.*

Il est pourtant, assure-t-on, une petite tribu de littérateurs accusés de ne pas partager complétement ces justes préventions contre le passé, et, bien plus, de se soustraire à l'admiration légitimement due aux lumières et aux opinions actuelles du plus grand nombre. Nous espérons qu'on ne nous accusera pas de grossir les rangs de ces déserteurs de la cause présente. On s'occupe, disions-nous, de la Saint-Barthélemy, c'est à ce grand événement que se rapporte la correspondance inédite que nous publions.

Cette Saint-Barthélemy, qui de nos jours a donné naissance à plus de livres que dans le seizième siècle, est encore loin d'être connue dans tous ses détails. Bien qu'elle ait fait beaucoup méditer et surtout beaucoup raisonner, on s'est généralement peu attaché à reproduire le témoignage de ceux qui avoient pris part,

ou, du moins, assisté à cette fatale journée. Et pourtant, ces récits tels qu'ils
sont, ont sur tous les autres un incontestable avantage. Vous entendez parler
de Léipsig : quel est l'orateur? un Ville-
main, un Chateaubriand? Vous admirez
une brillante faconde, une imagination
fertile en prodiges ; voilà tout. Mais, par
hasard, seroit-ce l'un de ces vieux et ru-
des soldats miraculeusement échappés au
glaive des vainqueurs et aux flots de l'Els-
ter? Vos yeux alors se mouilleront; et mal-
gré l'inélégance de son élocution, vous
vous croirez vous-même transporté devant
le pont fatal, à l'instant où il s'écroule.

Voilà pourquoi nous applaudirons toujours avec peine au travail de ces écri-
vains qui, s'isolant de leur siècle et des
événemens fameux dont ils ont été spec-
tateurs, dirigent leurs investigations

vers les temps qu'ils n'ont pas vus, et compulsent les historiens anciens dans le fol espoir de leur ravir des lecteurs. Certes, nous respectons le talent de MM. de Barante ou Sismondi : mais en parcourant leurs compositions historiques, nous nous imaginons involontairement qu'ils ont dit à nos vieux chroniqueurs : « Tai- « sez-vous , Joinville, Froissard ou Co- « mines , nous savons mieux que vous « comment les choses se sont passées. »

Ces paroles , nous ne les avons pas adressées au roi Charles IX et au sieur de Mandelot. Pour la première fois , nous publions la partie de leur correspondance qui se rapporte à la journée du 24 août 1572. Ces lettres étoient destinées à rester secrètes; c'est là ce qui rend leur témoignage infiniment précieux. Sans doute , jusque dans ces aveux ,

et dans ces instructions confidentielles,
on retrouvera encore je ne sais quelle
hypocrite retenue; mais il ne faut pas ou-
blier qui les écrivit, et quel forfait il s'a-
gissoit de préparer, de consommer et de
mettre à profit. Dans de semblables affaires, on s'entend toujours à demi-mot,
et il n'est donné qu'aux intentions loya-
les et pures de s'exprimer sans réticence.

Cependant, s'ils ne disent pas tout,
ces deux grands coupables en révèlent
encore assez pour mettre au jour plusieurs fils de la trame que l'un préparoit,
et dont l'autre servit l'exécution. Des écri-
vains ont naguères prétendu que la Saint-
Barthélemy n'étoit pas le résultat d'un
plan prémédité; les instructions verbales
du Roi à ses gouverneurs, ses lettres
même, attesteront à la postérité le contraire; *Habemus confitentem reum.*

On a prétendu encore que le massacre ne fut résolu que dans le conseil secret du 23 août. Cette correspondance va détruire ces conjectures. Le jour du massacre étoit arrêté dix jours au moins auparavant.

Une autre circonstance que ces lettres rendent incontestable, et que, de tous nos historiens, de Thou seul avoit mentionnée sous l'apparence du doute, c'est que la tête de l'amiral Coligny fut coupée, soigneusement enveloppée et transportée à Rome par l'écuyer du duc de Guise. Vouloit-on la présenter en offrande au pape, ou seulement au cardinal de Lorraine ? à ce dernier sans doute. Mandelot ni le Roi ne s'en expliquent.

Ajoutons à ces nouvelles lumières un motif de l'extermination générale des protestans, jusqu'alors non entrevu ; motif tellement honteux qu'on est tenté de ne pas y croire. En donnant l'ordre du massacre, Catherine de Médicis et son fils pensèrent aux avantages qu'en tireroit nécessairement le trésor. Un grand nombre de calvinistes étoient fort riches : moins opulens, peut-être leurs jours eussent-ils été respectés.

Mais ce qui, surtout, frappera le lecteur en suivant les détails de cette correspondance, c'est l'infidélité des couleurs sous lesquelles Mandelot a, jusqu'à présent, été peint par nos divers historiens. Mézeray, Daniel, Garnier, Anquetil et M. Lacretelle, tous ont fait de ce gouverneur de Lyon un héros, l'égal du vicomte d'Orthès. Ils l'ont montré se refusant aux volontés sanguinaires de la cour, arrêtant le bras des assassins, et méritant de vivre à jamais dans le souvenir des amis de l'humanité. Pourquoi faut-il que tant de vertus soient imaginaires!

François de Mandelot auroit obtenu une place dans nos *Biographies* prétendues *universelles*, s'il eût occupé dans les annales de l'Arabie le même rang que dans les fastes de notre pays. Il naquit à Paris en 1529. Son père, Georges de Mandelot, seigneur de Passy, le destina à la profession des armes; et, fort jeune encore, il dut aux sollicitations et à l'amitié du duc de Nemours, le titre de gentilhomme de la chambre du Roi. Choisi par son protecteur pour remplir l'office de lieutenant dans sa compagnie de gens-d'armes, il se distingua par sa bravoure, son sang-froid et ses talens militaires, au siége de Metz, à la prise de Thionville, et en 1555 dans la campagne d'Italie. Le besoin qu'on avoit des plus habiles gens de guerre, au milieu des dissensions intestines, le fit bientôt rappeler en France. Mandelot ne cessa de demeurer attaché à la fortune du duc de Nemours, jusqu'au moment où ce dernier donna sa démission du titre de gouverneur du Lyonnois. Il lui succéda dans cette place importante, le 17 février 1571. Les lettres que nous publions, et les notes que nous avons cru y devoir joindre, éclairciront assez sa conduite pendant l'année suivante. Le reste de sa vie ne fut qu'un combat continuel contre les réformés. Il mourut le 24 novembre 1588, regretté de ses administrés, et emportant avec lui la réputation d'un homme également habile dans le conseil et sur le champ de bataille. Mais la postérité doit lui reprocher un crime qui n'en étoit pas un aux yeux de ses contemporains catholiques :

il prit une part très active à la Saint-Barthélemy. Ce fait suffiroit pour flétrir une plus haute gloire que la sienne.

Le volume dont nous avons extrait ces lettres est conservé à la Bibliothéque du Roi, parmi les manuscrits du *fonds Lancelot*, sous le n° 39. Il contient la correspondance du gouverneur de Lyon, depuis 1571 jusqu'en 1587, avec les deux rois Charles IX et Henri III, avec Catherine de Médicis, et plusieurs grands personnages de la même époque. Peut-être mériteroit-il d'être livré à l'impression dans toute son intégrité; mais ce seroit à la ville de Lyon à s'occuper d'une publication aussi considérable. C'est, en effet, pour son histoire qu'elle présenteroit une importance réelle.

P. PARIS.

1er janvier 1830.

CORRESPONDANCE
DU ROI CHARLES IX
ET
DU SIEUR DE MANDELOT,
GOUVERNEUR DE LYON.

I.

LETTRE DE MANDELOT AU ROI.

Du 15 janvier 1572.

Sire, veoyant que depuis le partement de
M. d'Aussière, votre avocat en ceste ville (1),

---

(1) Pierre d'Aussière, ou *d'Auxerre*, étoit un homme
de mœurs infâmes et d'une réputation odieuse, qu'il jus-
tifia parfaitement à l'époque des massacres. Charles IX,
qui comptoit sur lui, le chargea de renouveler alors à
Mandelot l'ordre de *courir sus* aux Protestans. Pierre
d'Aussière mourut en 1595 à Lyon, d'une attaque d'apo-
plexie, et en se lavant les mains. (De Thou, Liv. lii;
Rubys, *Hist. de Lyon.*)

pour aller rendre compte à Votre Majesté de toutes choses de deçà, continue d'arriver de jour à autre en ceste ditte ville grand nombre d'artisans et autres manières de gens, toutz de la religion (1), tant estrangers que de votre royaume, qui se retirent ici pour s'y habituer, à ce qu'ilz disent, ainsi que desjà le dit sieur d'Aussière avoit charge vous faire entendre, ici ne veulx, comme je ne dois faillir d'en faire encore ce mot à Votre Majesté en toute pure et sincère vérité; qui est que, à veue d'œil, le nombre de telles personnes croist tellement, qu'il n'y a citoyen ny marchant en la ville qui n'entre en grand doubte et meffiance d'y continuer son traficq et négoces acoustumez, craignant y intervenir quelque désordre et scandalle : dont la pluspart me font remonstrances à toutes heu-

---

(1) Sous-entendu *prétendue réformée*. Ce mot seul est toujours pris en mauvaise part dans les livres du seizième siècle.

res, avec instance d'y pourveoir et prévenir; ce que j'aurois jà faict, Sire, congnoissant bien cela estre très requis et nécessaire pour votre service, en la forme que le dit sieur d'Aussière vous aura faict entendre, et comme il convient en une ville de frontières et marchandise telle qu'est ceste-cy, qui n'a en cela sa pareille en tout l'Europe. Et seroit sans occasion à aucun que ce soit, d'en faire pleincte (1); mais, Sire, sachant qu'il en y a qui, soubz la moindre couleur, se meuvent à vous en faire entendre, jà n'ay voulu toucher à ce faict (2) sans en avoir premièrement la voulunté et intention de Votre Majesté; estimant qu'elle ne devra pas tarder : dont je la supplye tant et si très humblement qu'il m'est possible; osant bien l'asseurer que jà s'en seroit ensuivy quelque désordre sans le soing

---

(1) C'est-à-dire, « et si j'y avois pourvu, personne n'auroit eu sujet de m'accuser, mais, etc. »

(2) Remédier à ce danger.

et vigillence que je mectz toute peine d'y avoir. Mesmement (1), sur ce que les dits citoyens et habitans de ceste dite ville se faschent grandement de veoir manger leur pain à telles gens, le nombre desquelz excédent celuy des autres bons marchans, habitans et bonificateurs de ceste dite ville, si bientost n'y est pourveu; qui me feroit grandement doubter de la pouvoir maintenir en telle seureté et repos que requiert le service de Votre Majesté; à laquelle je ne puis oblier de dire

---

(1) *Mesmement*, au xvie siècle, se prenoit volontiers dans le sens de *surtout* (*præsertim*); c'est le *massimamente* des Italiens. Je serois tenté de croire qu'il faut lui donner cette acception dans le commandement de l'Église : .

> Vendredy chair ne mengeras,
> Ni le samedy *mesmement.*

Les abstinences sont recommandées surtout dans le but de mieux préparer à la célébration des fêtes et dimanches; mais cela n'est pas de notre sujet.

aussy la pityé qu'il y a (1) aux soldatz de la citadelle à faulte de leur payement, qui les rend plus qu'à demy désespérez ; en sorte que jeudy dernier ceulx à qui eschéoit d'entrer en garde, la refusèrent tout à plat, et n'eust esté quelques uns des principaux des dits soldatz que M. de la Mante (2) s'efforce d'entretenir et contenter, cela à peine seroit-il passé sans quelque désordre, ayant sceu cejourd'hui qu'il y avoit entreprinse sur la personne même propre du dit sieur de la Mante. A quoi il plaira à Votre Majesté avoir esgard et considération, et commander leur payement, afin de les pouvoir contenir en leur debvoir. (3)

---

(1) C'est-à-dire, la pitié que doivent lui inspirer les soldats, etc.

(2) Saluce, seigneur de la Mante, gouverneur de la citadelle de Lyon. Il prit une grande part aux massacres.

(3) Les guerres précédentes, l'attente d'autres soulèvemens, et la crainte de nouvelles rigueurs, devoient faire de Lyon le rendez-vous des religionnaires. Ville

commerçante et frontière, elle leur offroit, à ce double titre, de nombreux moyens d'augmenter leurs richesses, et de les mettre, en cas d'événemens, hors de toute atteinte.

Mandelot montre déjà, dans cette lettre, une partialité révoltante contre les Protestans. Non que la réunion de tant de gens d'une autre communion n'eût droit d'inquiéter le clergé catholique et même les magistrats civils; mais il ne falloit pas indisposer le Roi contre eux avec d'aussi mauvaises raisons. Par exemple, quel danger offroit, pour la chose publique, l'affluence d'un grand nombre de citoyens protestans dans une ville frontière? C'étoit plutôt, il semble, un bien de les voir débarrasser le centre d'un royaume qu'inquiétoit leur esprit essentiellement révolutionnaire. Mais, ajoute Mandelot, les Lyonnois voyoient avec peine des étrangers partager leur pain : misérable argument pour leur fermer les portes de la ville! Des citoyens, la plupart riches et presque tous commerçans ne pouvoient être à charge. Que les marchands de Lyon s'inquiétassent d'une concurrence nouvelle, rien de plus naturel; mais, en répétant leurs plaintes, le gouverneur trahissoit la cause de ses autres administrés; car la concurrence commerciale a toujours pour résultat immédiat la diminution du prix de toutes les marchandises.

II.

LETTRE DU ROI A MANDELOT.

26 janvier.

MONSIEUR DE MANDELOT, je suis adverty que plusieurs estrangers passent et repassent ordinairement par mon royaume, parmy lesquelz aucuns se meslent de choses qui ne font riens au bien de mon service (1); aussy y en a aucuns qui viennent par deçà, lesquelz se présentent plustost à moy que je n'ay entendu leur arrivée; et pour ce que je désire prévenir toutes mauvaises occasions, et voir clair, auctant qu'il sera possible, en tout ce qui se passera d'une part et d'autre, et touchera le repos et seureté de mes subjectz, je vous prie donner ordre, au lieu où vous estes et en l'estendue de votre gouvernement,

---

(1) Cette phrase peint parfaitement le caractère soupçonneux de la politique de Charles IX.

de faire sçavoir qui sont ceulx qui vont et viennent, sçavoir la cause de leurs voiages et où ilz vont, sans touteffois permettre qu'il leur soit donné aucun empeschement ny retardement en leurs voiages, si vous ne voiez qu'ils entreprissent chose qui fust contre le bien de mon service. Et de tout ce que vous apprendrez sur ce et d'autres choses aussy, vous m'advertirez le plus souvent que vous pourrez, et comme vous verrez que l'importance le requerra. Priant sur ce le Créateur, monsieur de Mandelot, vous avoir en sa saincte garde.

Escript à Amboise, le vingt-sixième jour de janvier 1572.

Signé CHARLES. (1)

---

(1) Cette lettre semble la réponse à la lettre précédente, et Mandelot put y voir l'autorisation de fermer les portes de Lyon aux réformés qui songeroient à s'y établir. Comment prouver, en effet, que l'on fait quelque chose pour le service du Roi, ou que l'on n'entreprend rien contre le bien de ce service?

III.

LE ROI A MANDELOT.

3 mai.

Monsieur de Mandelot, vous sçavez comme j'ay avecques grand soin, peine et travail, remis en mon royaume ung heureux repos, par le moien de mon dernier édict de pacifficaction; et, depuis icelluy, faict assez cognoistre à ung chacun de mes subjects combien je désire que il soit soigneusement observé, pour estimer que de là despend leur heureuse conservation, et la restitution de mon dit royaume en sa première splendeur. A quoy en cest endroict et aussy à faire cesser toutes occasions de deffiances, qui, au moyen des choses cy-devant mal passées, pourroient estre demourées parmy mes peuples, j'ay grande occasion d'en louer Dieu, et de me contanter du devoir que chacun faict de sa part; mesmement de ce que rescentement des villes de La Rochelle, Montauban, et la Charité et Coignas ont esté remises en mes mains par ceulx à qui, par mon édict de paciffication, je les avois laissées en garde. Et pour ce que de tous ces effectz, je ne puis que me promettre ung vray, seur et entier establissement du dit repos tel que je le désire, et que je n'ay rien plus à cueur en ce monde que de voir vivre mes subjectz en vraye unyon, paix et transquilité les ungs avecques les autres, avecques une telle oblivion des injures passées, je vous ay bien voulu faire de nouveau une déclaration de ceste mienne volunté et intention, oultre ce qui vous en est jà assez congneu, afin que vous la fassiez entendre telle, par toutes les bonnes villes et autres lieux de votre gouvernement; enjoignant à tous mes subjectz, tant catholicques que de la nouvelle religion, de continuer à vivre, suivant mon dit édict de paciffication, en bonne paix, amitié et union les ungs avecques les autres, comme bons frères et concitoiens, sans contrevenir en sorte du monde à mon dit édict; mais l'observant au contraire plus soigneusement qu'ilz n'ont jamais faict, sur peine d'estre rigoureusement chastiez ceulx qui me désobéiront en cest endroict. Comme je désire que vous tenez main qu'il soit faict en tel cas, et que mes juges et officiers n'y usent d'aucune connivence ou négligence, de laquelle, quant elle adviendroit, je veulx que vous m'advertissiez pour en faire tel chastiment qu'il appartiendra; qui est, monsieur de Mandelot, le plus agréable service que me sçauriez faire, et chose à laquelle me promettant que vous satisferez soigneusement pour sçavoir assez combien je l'ay à cueur, je prie Dieu, monsieur de Mandelot, vous avoir en sa saincte garde.

Escript à Bloys, le troisième jour de may 1572. *Signé* CHARLES. (1)

---

(1) Charles IX, déjà décidé à exterminer les hugue-

nots, cherchoit tous les moyens de leur inspirer une aveugle confiance. Quelque temps auparavant, le cardinal Alexandrin, légat du pape, étoit arrivé en France, dans l'espoir d'empêcher l'union projetée entre le jeune prince de Navarre et Marguerite de Valois; mais, après avoir vu le Roi, la Reine-Mère et le chancelier Birague, il avoit changé de sentiment, et, loin de s'opposer davantage à ce mariage, il n'avoit pas perdu une occasion de manifester son éloignement pour chacun des membres de la maison de Lorraine, tous ennemis déclarés des Protestans : « Assurez bien Sa Sainteté, lui avoit dit le « Roi, que *le tout* se fait à très bonne intention, et pour « le service et grandeur de la foi catholique. » (JÉRÔME CATENA, *Hist. de Pie V.*) Quant aux princes lorrains, ils s'étoient éloignés de la cour, non sans affecter le plus profond mécontentement de l'union du Roi avec les chefs protestans. Il ne restoit plus qu'à décider tous ces derniers à se rendre à Paris : Coligny y étoit déjà. C'est dans cette vue que paroît écrite cette lettre.

IV.

LE ROI A MANDELOT.

7 mai.

Monsieur de Mandelot, je vous ay tousjours congnu si prompt et affectionné à me servir en toutes occasions, que, s'en offrant une maintenant qui m'est de très grande importance, je me suis résolu vous y employer, et par mesme moyen promys en recevoir toute satisfaction. C'est, monsieur de Mandelot, qu'estant en ce lieu esloigné de ceulx de mon conseil, lequel est séparé et rompu depuis mon partement de Bloys, il se présente une occasion qui m'est d'une conséquence merveilleuse, par laquelle il est besoing recouvrer promptement jusques à la somme de 8,000 livres. Et d'autant que c'est chose qui ne peult recevoir aucun retardement, estant mon dit conseil ainsi séparé, et la plus grande partye d'icelluy vers Paris, où je ne pourrois envoyer sans un trop grand destourbier, ce qui seroit trop préjudiciable, je me suis advisé recourir à vous. Au moyen de quoy je vous prye, si désirez faire chose qui me contante par ung service qui me sera très agréable, trouver en la bourse de vos amys et aultres, par emprunt ou aultrement, la dite somme de 8,000 livres. Pour le remboursement du principal, comme des intérestz d'icelle, je vous promets en foy et parolle de Roy, vous donner une bonne et seure assignation, et telle que ceulx qui auront advancé la dite somme, en seront remboursez dedans peu de temps et à leur contantement. Je vous prye doncques encores une aultre foys, monsieur de Mandelot, me faire ce service en ceste urgente occasion, et mettre entre les mains du cappitaine Bosset, porteur de ceste, icelle somme de 8,000 livres, pour en estre faict ce que j'ay commandé, et surtout qu'il ne soit contrainct arrester longuement. M'advertissant de ce que vous aurez faict aussitost, affin que l'assignation pour le dit remboursement, laquelle j'ay mandé à ceulx de mon dit conseil et finances tenir preste, vous soit envoyée. Je prye Dieu, monsieur de Mandelot, etc.

Escript à Chambort, le septième jour de may 1572.

Signé CHARLES. (1)

---

(1) N'est-il pas singulier de voir ici le roi de France demander avec tant d'instance une somme de 8000 livres à emprunter? A quarante lieues de Paris, à quelques lieues de son conseil (alors à Blois), il ne s'adresse ni à sa cour des comptes et trésoriers à Paris, ni à sa mère ou à ses courtisans à Blois, mais bien au gouverneur d'une des villes de son royaume les plus éloignées. *Et je vous prie surtout*, ajoute-t-il, *que le porteur ne soit contdrinct arrester longuement*. Temps bien différens des nôtres, où le Roi qui pouvoit ordonner le massacre de cent mille hommes, cherchoit si loin huit mille livres à emprunter, et se croyoit obligé de donner sa *parole de Roi* en garantie du remboursement !

V.

MANDELOT AU ROI.

Du 17 mai 1572.

Sire, j'ay receu les lectres qu'il a pleu à Votre Majesté m'escrire par le cappitaine Bousset, suivant lesquelles je ne l'ay arresté icy qu'ung jour pour luy faire fournir la somme de viij^M l. que Votre Majesté me commande par ses dites lettres de luy faire recouvrer pour son service. Et l'eusse faict depescher plustost, si j'heusse eu ceste somme-là en ma bource, puisque c'est pour le service de Votre Majesté si important; en quoi elle peust estre asseurée, s'il luy plaist, que j'employerai tousjours non seullement le peu de bien que j'ay en ce monde, mais la vye propre, laquelle je luy doibs; supplyant très humblement Votre Majesté qu'il luy plaise commander que ceste petite partye soit remboursée au temps que j'ay pris de la rendre, qui est aux prochains payemens qui se font dans ung moys (1). A telle fin que quand il adviendra que Votre Majesté ayt affaire de plus grande somme que celle-là pour son service, on la puisse plus aisément recouvrer. — J'ay aussy receu la lectre qu'il a pleu à Votre Majesté m'escrire du dernier du moys passé, par où elle me mande qu'elle désire sçavoir l'ordre que j'ay mis en ce mien gouvernement, pour l'exercice de la relligion prétendue réformée; attendu mesmement que ceulx de ladite relligion luy font encores plusieurs plainctes des contraventions qui se font à son édict de paciffication dernièrement faict, tant en ceste

---

(1) Ce terme, il faut l'avouer, n'étoit pas long; et l'on voit ici que Mandelot ne se fioit que médiocrement au serment que Charles avoit fait de lui rembourser fidèlement la somme prêtée. « Ce bon Roi, dit Brantôme, ne faisoit point difficulté de fausser sa foi toutefois et quantes qu'il vouloit et lui venoit en fantaisie. »

ville qu'en l'estendue de ce mien gouvernement. Je supplye très humblement Vòtre Majesté de croire que jusques icy il n'est survenu
aucune chose, tant soit-elle petite, qui ayt en
rien contrevenu à son dit édict, et ne sçaiche
province ny ville en son royaume où son dit
édict soit mieulx observé qu'icy de poinct
en poinct; dont les passans, allans et venans
le peuvent assez tesmoigner à Votre Majesté,
comme aussy les estrangers habitans en ceste
ville, où il est impossible d'y veoir les choses
plus tranquilles qu'elles y sont; ny que l'on
y vive plus paisiblement que l'on y faict les
ungs avec les autres, avec toute entière obser-
vation de son dit édict; comme j'espère en
Dieu qu'il me fera la grace de les y faire continuer, ainsy que son advocat au siége prési-
dial de ceste ville (1) qui est encores par-devers
Votre Majesté, luy aura peu faire entendre;
car, depuis son partement, il n'est survenu au-

---

(1) Sans doute Pierre d'Aussière.

cune chose digne de l'advertir. Je suis infiniment marry de ce que l'on va rompre la teste
à Votre Majesté sans occasion; comme je la
puis asseurer à la vérité n'y en avoir aucune (1).
J'ay semblablement receu, Sire, la lettre de
Votre Majesté par laquelle il luy plaist me
faire sçavoir comme les villes de La Rochelle, Montauban, la Charité et Coignac ont
esté remises entre ses mains par ceulx à qui,
par son édict de paciffication, elles auroient
esté laissées en garde; et que Votre Majesté
ne désire rien plus que de veoir vivre ses subjectz en vraye unyon, paix et tranquilité les
ungs avec les autres, me commandant de faire
entendre ceste sienne volunté par toutes les

---

(1) Il se peut que les calvinistes eussent à se plaindre
de la mauvaise volonté que montroit Mandelot à l'égard
de ceux qui venoient habiter la ville de Lyon. La lettre
du 15 janvier, que nous avons rapportée, permet du
moins de supposer que le gouverneur les voyoit de mauvais œil.

villes et lieux de ce mien gouvernement; ce que je ne faudray pas de faire. Je ne veulx faillir d'advertir Votre Majesté comme il passe beaucoup de gentilzhommes françois qui s'en vont en Itallye, lesquels prennent leur chemyn du costé de la Bresse (1). Il en est arrivé icy ces jours passez quelques uns qui vouloient aussy prendre leur chemyn pour passer les montz; mais leur ayant faict entendre la volunté de Votre Majesté, ilz m'ont faict les responces telles qu'elles sont contenuez au procès-verbal que j'en ay faict faire, où j'ay faict retenir leurs noms et surnoms.

---

(1) Par une lettre du Roi que nous n'avons pas cru devoir reproduire, Mandelot avoit reçu l'ordre d'avertir les gentilshommes françois qui songeoient à aller prendre du service dans les armées des princes d'Italie, que la volonté du Roi étoit qu'ils demeurassent en France. On peut voir, dans cette mesure, la prévision d'une nouvelle guerre civile. Sous l'influence de Catherine de Médicis, la politique de la cour de France ne fut jamais en défaut.

VI.

LE ROI A MANDELOT.

15 juin.

Monsieur de Mandelot, j'estime appartenir au bien de mon service, et vous prie faire publier en l'estendue de votre gouvernement, que tous cappitaines de gens de pied ayent à se retirer la part que seront leurs compaignies en garnison, dans six semaines après la publication de ceste ordonnance, sur peine d'estre cassez; et qu'il soit pourveu en la place de ceulx qui y feront faulte, sans qu'ilz puissent avoir aucune espérance d'estre remis, quelque excuse et congé qu'ilz puissent alléguer et représenter. Et affin que je sçaiche ceulx qui ne m'auront obéy pour pourveoir en leurs places, je vous prie en advertir incontinant après mon frère le duc d'Anjou, mon lieutenant général. Deffendant pareillement aux dicts cappitaines de laisser leurs compaignies,

et partir de leurs garnisons sans congé et per-
mission de mon dict frère. Vous priant de votre
part donner ordre que mon intention soit
exécutée en cest endroict. Priant Dieu, monsieur de Mandelot, qu'il vous tienne en sa
garde.

Escript à Boullongne le quinzième jour de
juing 1572.　　　*Signé* CHARLES. (1)

---

(1) Cette lettre justifie la conjecture que nous avons
exprimée dans la note de la précédente, page 20. La reine
de Navarre étoit morte subitement le 9 juin, et six semaines plus tard arrivoit le mois d'août. Pourquoi rappeler tous les officiers de l'armée, vers cette époque
fatale, dans leurs garnisons respectives, sinon pour pré-
server les villes fortes de l'attaque des calvinistes ? Pourquoi leur ravir la liberté de s'enrôler dans les armées
étrangères quand la France jouissoit d'une paix pro-
fonde, et quand le mariage du roi de Navarre avec une
fille de France sembloit devoir à jamais terminer les
guerres civiles ? On ne peut expliquer cette mesure que
par l'intention de *mieux se préparer,* comme dit encore
Brantôme avec son ordinaire insouciance, *à la feste de la
Saint-Barthélemy.*

VII.

MANDELOT AU ROI.

Du 25 juin 1572.

Sire, j'ay entendu que ceulx de la religion de ceste ville, qui sont par-delà, sont tousjours après Vos Majestés pour les ennuyer, en leur présentant tousjours des mémoires et articles ; sur quoy elles sçauront, Dieu mercy, avec leur conseil, pourveoir ainsi qu'elles congnoistront estre le mieulx pour leur service. Mais d'autant que j'ai sceu qu'il y a quelque faict particulier qui me touche, et qu'ilz poursuyvent contre moy, je supplye très humblement Vos dictes Majestés me faire tant de bien et d'honneur que de n'y adjouster point de foy, que premièrement elles n'ayent faict informer si j'ay faict aucune chose qui soit contre ses ordres et ordonnances. Car je m'asseure qu'il ne s'en trou-

vera riens; et là où il se trouvera autrement,
je porteray ma teste là où il plaira à Vos dictes
Majestés me commander. Aussi s'il se trouve
qu'ilz ayent donné à entendre une chose pour
une autre à Leurs dictes Majestés, je les supplye très humblement de les tenir et réputer
pour calomniateurs, et comme telz les faire
pugnir. (1)

---

(1) Le bon Mandelot, ne devinant pas les plans de la
cour, étoit sans doute fort scandalisé de la conduite du
Roi à l'égard des Protestans. Attaché aux princes lorrains
par reconnoissance, il étoit craint et détesté des religionnaires, auxquels il le rendoit bien. De là, plaintes
portées à la cour contre lui; de là, cette justification
offerte au Roi et à la Reine-Mère, contre les insinuations
de ses ennemis.

VIII.

MANDELOT AU ROI.

Du 8 juillet 1572.

Sire, les porteurs de la présente seront deux, l'un qui est eschevin de ceste ville (1), et l'autre procureur du corps d'icelle (2), qui s'en vont devers Votre Majesté pour aucunes affaires concernant son service et bien public de ceste ville. Par quoy il m'a semblé les devoir accompagner de ceste-cy, et prendre la hardiesse de supplier Votre dicte Majesté

---

(1) C'étoit François Scarron, l'un des deux échevins chargés de faire à Paris les affaires des Lyonnois, c'est-à-dire de soutenir les demandes et les intérêts de la ville auprès de l'autorité royale. Ce Scarron étoit l'un des ancêtres du célèbre et burlesque poète Scarron.

(2) Sans doute Pierre de Rubys, catholique zélé, auteur d'une *Histoire véridique de Lyon*, fort peu véridique.

tant et si très humblement qu'il m'est possible, de les avoir pour recommandez pour iceulx affaires, et s'il luy plaist commander qu'ilz soyent promptement expédiez. Ilz sçauront dire à Votre Majesté comme toutes choses passent par deçà, et en quel estat est ceste ville, mesmement quant à la paciffication, qui est comme elle a tousjours esté, Dieu mercy.

~~~~~~

IX.

LE ROI A MANDELOT.

20 juillet.

MONSIEUR DE MANDELOT, j'ay ordonné au sieur de Biron, grand-maistre de mon artille-rye, de faire faire inventaires généraux des pièces d'artillerye, pouldres, boulletz, et autres munitions de guerre estans tant ès magasins, villes, chastaulx, places fortes, portz et havres, que autres lieux et endroictz de mon royaume, suivant le pouvoir qu'il a de moy; ensemble de faire transporter au magasin de Lyon toutes pièces d'artillerye hors de calibre ès inutiles et de nul service, et toutz cuivres qui se trouveront dans les villes et autres lieux de votre gouvernement, pour les mectre à la fonte et en faire d'autres, lesquelles seront remplassées au lieu de celles que l'on aura osté des dictes villes où il en sera de besoing, comme vous entendrez plus amplement par le commissaire ordinaire de la dicte artillerye, et commis du controlleur général d'icelle, députez pour cest effect. Vous priant, monsieur de Mandelot, en ce qui despend du pouvoir et commission que leur aura esté baillée, y tenir la main à votre part, et en toutes autres choses qui concerneront le faict de la dicte artillerye, comme vous congnoistrez le devoir de mon service le requérir et mériter. Et n'estant là présente à autre fin, je ne la feray plus longue que de prier Dieu vous tenir en sa saincte et digne garde.

Escript à Paris, le vingtième jour de juillet 1572.

Signé CHARLES.

X.

LA REINE A MANDELOT.

13 août.

MONSIEUR DE MANDELOT, je vous faictz ce mot de lectre pour vous dire que sur tant que vous aymez le service du Roy monsieur mon filz, et à luy obéir, vous ne laissiez passer aucun courrier venant de Rome en çà; soit qu'il soit dépesché vers le dict seigneur ou aultre quel que ce soit, que lundy ne soit passé (1). Et faictes le semblable de tous les aultres courriers qui viendront d'Italye, faisant retarder et les ungs et les aultres jusques à lundy passé, prenant bien garde qu'ilz ne puissent passer

(1) Catherine écrivoit cette lettre un vendredi; or, comme elle ne pouvoit parvenir à Mandelot plus tôt que le lundi ou le mardi, 17 ou 18, il est bien évident qu'il faut entendre, par ce *lundy* dont elle parle, celui du 25 août. Cette lettre eût autrement été inutile.

jusques à la première poste secrettement, et de là prendre la poste pour s'en venir par deçà; et m'asseurant que vous satisferez entièrement à la volunté du dict seigneur et à la mienne, je feray fin à la présente; priant Dieu, monsieur de Mandelot, vous tenir en sa saincte garde.

Escript à Paris le treizième jour d'aoust 1572. Et que le fassiez sans que l'on puisse congnoistre que en ayez commandement, et le plus secrettement que pourrez, sans qu'il en soit bruict.

Signé CATHERINE,

Et consigné CHANTEREAU.

XI.

LE ROI A MANDELOT.

18 août.

Monsieur de Mandelot, je vous faictz ceste lettre par ce courrier que j'envoye expressément vers vous, pour vous pryer ne laisser passer par ma ville de Lyon aucun courrier ny autre, quel qu'il soit, allant en Italye dans six jours, à compter du datte de ceste présente, sinon en vous faisant apparoir de passe-port de moy bien et deuement expédié, et signé de l'un de mes secrétaires d'estat ; ce que je vous prye faire bien et deuement observer, comme de vous-mesmes ; tenant le commendament que je vous en faictz si secret, que l'on ne pense que ce soit chose qui vienne de moy. A quoy m'assurant que sçaurez très bien et exactement tenir la main, je prye Dieu, monsieur de Mandelot, etc.

Escript à Paris, le dix-huitième jour d'aoust 1572.

Signé CHARLES. (1)

---

(1) Ainsi, voilà la correspondance interrompue de l'Italie à la France par l'ordre de Catherine, et de la France à l'Italie par l'ordre de Charles IX, jusqu'au 25 août 1572. Sans doute, les autres gouverneurs reçurent les mêmes instructions pour fermer les frontières.

Ces deux dernières lettres jettent sur la Saint-Barthélemy un nouveau jour. Il est maintenant démontré que le complot non seulement avoit été prémédité; mais, ce qu'on refusoit encore de croire, que le moment de la boucherie étoit irrévocablement fixé au 24 août, plusieurs jours avant la blessure de l'amiral. Ce ne furent donc pas les incertitudes prétendues du Roi, qui en donnant de l'ombrage à Catherine, hâtèrent le moment fatal. Dès le 14, la reine s'occupe des préparatifs; dès le 18, Charles IX prévoit le cas où songeroit à fuir quelque victime.

L'intention du Roi est manifeste. Comme la mort de Coligny, arrêtée pour le 22, devoit réveiller toutes les craintes des religionnaires, la plupart devoient, en l'ap-

prenant, chercher à se soustraire au même sort. « Ne
« laissez donc passer, écrit Charles, aucun courrier *ni*
« *autre*, quel qu'il soit, dans six jours, à compter des
« dates de cette présente, et tenez le commandement si
« secret, que l'on ne pense que ce soit chose qui vienne
« de moi. » Qu'il a bonne grâce ensuite, ce malheureux
prince, à parler des complots des calvinistes pour venger
la blessure de l'amiral !

La lettre de Catherine est également importante.
« Pour lever, dit De Thou, tous les obstacles qui s'oppo-
« soient encore au mariage du prince de Navarre, on
« étoit convenu de faire paroître une lettre *fausse* de
« l'ambassadeur de France à Rome, par laquelle il infor-
« moit le Roi que le pape avoit enfin accordé une dis-
« pense, et qu'elle partiroit de Rome par un courrier ex-
« traordinaire. » Cette lettre supposée avoit levé tous
les scrupules du cardinal de Bourbon, prélat choisi par
les deux partis pour célébrer le mariage. Mais qu'une
lettre réellement envoyée de Rome eût révélé l'impos-
ture dont on avoit fait usage; que tout autre courrier
expédié aux Protestans les eût avertis de la fourberie
du Roi, la mine étoit éventée et le massacre (pour la
reine affreuse prévision) étoit manqué. Après la fête,
au contraire, la vérité pouvoit être connue, tout seroit
consommé.

3

XII.

LE ROI A MANDELOT.

20 août.

Monsieur de Mandelot, j'escriptz au sieur de la Manthe faire délivrer à ceulx que le sieur de Biron luy mandera, encores quatre pièces d'artillerye que j'ay délibéré envoyer en Provences oultre celles qui y ont cy-devant esté conduictes (1); et, pour ce qu'il est nécessaire que ce soit avecques toute dilligence, je vous prie, monsieur de Mandelot, incontinant la présente receue, donner ordre à faire assembler les bapteaulx et aultres choses que jugerez estre nécessaires tant pour la voicture des dictes quatre pièces que des pouldres et munitions

---

(1) Les Protestans étoient réunis en plus grand nombre dans la Provence que dans les autres provinces de France. C'est ce que remontra le comte de Tende, pour se dispenser de donner le signal du massacre.

que le dict sieur de Biрón ordonnera aux officiers de mon artillerye envoyer en mon dict
pays de Provences; le tout suivant les marchés
qui en seront faictz par mes dicts officiers, afin
que, par ce moyen, la dicte voicture ne puisse
estre aucunement retardée. Ce que je ne dé-
sirerois, estant chose grandement importante
au bien de mon service, auquel je sçay que
estes si affectionné que vous tiendrez si exactement la main à ce que je vous mande que
n'est besoing vous faire ceste-cy plus longue,
priant Dieu, monsieur de Mandelot, vous
avoir en sa garde.

Escript à Paris, le vingtième jour d'aoust
1572.

Signé CHARLES.

XIII.

LE ROI A MANDELOT.

22 août.

MONSIEUR DE MANDELOT, je vous ay bien voulu advertir comme ce matin le comte de Coligny, admiral de France, se retirant du Louvre en son logis, ung gentilzhomme ou soldat duquel l'on n'a peu encores sçavoir le nom estant en une maison sur la rue où il passoit, lui a tiré ung coup d'arquebuse duquel il a esté blessé au bras, et soudain ledict personnage est monté sur un cheval qu'il avoit aposé et s'est sauvé. Je incontinant envoye de toutes partz pour le suivre, tâcher de l'atrapper et en faire faire telle punition que ung acte si meschant le requiert, très desplaisant, au surplus, de tel inconvéniant pour la réparation duquel je ne veulx rien oblier. Et d'autant que la nouvelle pourroit esmouvoir plusieurs de mes subjectz d'une part et d'autre, je vous prie, monsieur de Mandelot, que, faisant entendre ès lieux de votre gouvernement où verrez qu'il y sera de besoing, comme le faict est advenu, vous admonestiez et assuriez ung chacun que mon intention est de garder inviolablement mon édict de paciffication, et chastier les contrevenans si estroictement que l'on jugera quelle est la sincérité de ma volunté; comme je me délibère en ceste occasion d'en rendre bon exemple, tellement que les ungs et les autres soient contenuz en votre gouvernement, de sorte qu'ilz n'entrepreignent chose qui puisse troubler le repos commung. Ce que je vous recommande comme le plus aggréable service que me sçauriez faire, pryant Dieu, monsieur de Mandelot, vous avoir en saincte garde.

Escript à Paris, le vingt-deuxiesme jour d'aoust 1572.   *Signé* CHARLES,

Et contresigné FIZES. (1)

---

(1) Cette lettre fut envoyée en forme de circulaire à

chacun des gouverneurs de provinces. Elle servit à entretenir les chefs protestans réunis à Paris dans leur première sécurité. Ce fut sur leur contenu que s'appuya le
plus Téligny, quand il combattit les terreurs de ses com-
pagnons d'armes.

XIV.

LE ROI A MANDELOT.

24 août.

MONSIEUR DE MANDELOT, vous avez entendu ce que je vous escriviz avant-hyer de la blessure de l'admiral, et comme j'estois après pour faire tout ce qui m'estoit possible pour la vériffication du faict et chastiment des coulpables, à quoy il ne s'est rien oblyé. Depuis il est advenu que ceulx de la maison de Guyse et les autres seigneurs et gentilzhommes qui les adhèrent, et n'ont pas petite part en cesté ville, comme chascun sçait, ayant sceu certainement que les amys dudict admiral vouloient poursuivre sur eulx la vengeance de ceste blessure pour les soupsonner en estre cause et occasion, se sont si fort esmeuz ceste nuict passée, que, entre les ungs et les autres, s'est passée une grande et lamentable sédition, ayant esté forcé le corps de garde qui avoit esté ordonné à l'entour de la maison dudict admiral, luy tué avecques quelques autres gentilzhommes, comme il en a esté aussy massacré d'autres en plusieurs endroictz de ceste ville. Ce qui a esté mesme avec une telle furye, qu'il n'a esté possible d'y mettre le remède tel que l'on eust peu désirer, ayant eu assez affaire à employer mes gardes et autres forces pour me tenir plus fort en ce chasteau du Louvre, pour après faire donner ordre par toute la ville en l'appaisement de la sédition qui est à ceste heure admortie, graces à Dieu (1), estant advenuè pour la querelle particulière qui est de long-temps entre ces deux maisons. De laquelle ayant toujours préveu qu'il succéderoit quelque mauvais effect, j'avois cy-devant faict tout ce qui m'estoit possible pour

---

(1) Infâme mensonge. Charles, en signant ces lettres, présidoit à la continuation des massacres. L'ordre de les faire cesser ne fut donné que le troisième jour.

l'appaiser, ainsi que chacun sçait. N'y ayant
en cecy riens de la roupture de l'édict de paciffication, lequel je veulx, au contraire, estre
entretenu autant que jamais. Et d'autant qu'il
est grandement à craindre que telle exécution
ne soubzlève mes subjects les ungs contre les
autres, et ne se fasse de grandz massacres par
les villes de mon royaume, de quoy j'aurois
ung merveilleux regret, je vous prie faire publier et entendre par tous les lieux et endroictz
de votre gouvernement, que chacun ait à de-
mourer en repos et seureté en sa maison, ne
prendre les armes et offencer l'ung l'autre sur
peyne de la vye. Faisant garder et inviolablement observer mon édict de paciffication à
ces fins, et pour faire punir les contrevenans
et courir sus à ceulx qui se voudroient eslever
et désobéir à ma voulunté, vous assemblerez
incontinant le plus de forces que vous pourrez,
tant de vos amys de mes ordonnances, que
autres; advertissant les cappitaines et gouverneurs des villes et chasteaulx de votre gou-

vernement, prendre garde à la seureté et conservation de leurs places de telle sorte qu'il
n'en advienne faulte : m'advertissant au plus
tost de l'ordre que vous y aurez donné, et
comme toutes choses passeront en l'estendue
de vostre dict gouvernement. Priant le Créateur vous avoir, monsieur de Mandelot, en sa
saincte et digne garde.

Escript à Paris, le vingt-quatrième jour
d'aoust 1572.

Signé CHARLES,

Et contresigné FIZES.

Monsieur de Mandelot, vous croirez le présent porteur de ce que je luy ay donné charge
de vous dire. (1)

---

(1) Cette lettre fut également écrite en forme de circulaire. Dans l'incertitude où l'on étoit encore de l'effet
que produiroit le massacre dans les provinces, le duc
d'Anjou, Catherine et Charles IX convinrent d'abord
de rejeter tout sur la maison de Lorraine. D'ailleurs, si
le Roi s'étoit déclaré l'auteur de l'exécution, ses lettres

pouvoient tomber entre les mains des Protestans, et mieux valoit charger un homme sûr de transmettre verbalement à chacun des gouverneurs les instructions de la cour. C'est ce que l'on fit; on peut voir, par la réponse de Mandelot, datée du 5 septembre, quel étoit le caractère de ces instructions.

XV.

NOTE DE MANDELOT.

31 août.

Du dernier d'aoust a esté faict réponse au Roy des lettres de Sa Majesté, du 22 et 24 aoust, sur la blesseure et mort de l'admiral, et escript avec icelle réponce, l'ordre mis à la seureté et repos de ceste ville de Lyon. (1)

---

(1) On peut dire des lettres omises en cet endroit : *Et præfulgebant eo ipso quod non visebantur.* Il falloit, en effet, qu'elles fussent bien curieuses, et qu'elles répandissent sur les horreurs du temps un jour bien effroyable, pour que Mandelot craignît de les enregistrer dans sa correspondance politique. Cette timidité d'un homme si hardi le jour des massacres suffiroit seule, à défaut de toutes les autres preuves, pour condamner Mandelot.

XVI.

MANDELOT AU ROI.

Du 2 septembre 1572.

Sire, j'escripvis avant-hier à Votre Majesté la réception des lettres qu'il lui auroit pleu m'escrire, des 22 et 24 du passé, et comme suivant icelles, et *ce que le sieur du Perat m'auroit dict de sa part* (1), je n'aurois failly pourveoir par toutz moyens à la seureté de ceste ville : sy bien, Sire, que et les cors et les biens de ceulx de la relligion auroient esté saisiz et mis soubz votre main sans aucun tumulte ny scandale. Jusque lors depuis, et hyer l'après-disnée, m'en estant allé par ville, pour pourveoir tousjours à contenir ce peu-

(1) Du Peyrat (Maurice) fut le monstre que la cour chargea de porter à Mandelot la lettre de Charles IX en date du 24 août. Il arriva à Lyon le 29, jour où commencèrent dans cette ville les massacres.

ple, mesmement vers la Guillottière, où j'aurois sceu paroistre danger de quelque remuement, seroit intervenu cependant que ce peuple ayant trouvé moyen d'entrer ès prisons de l'archevesché, où ils sçavoient estre quelques deux cens (1) de ceulx de la relligion congneuz factieux ou avoir porté les armes; lesquelz ilz auroient toutz mis à mort avant que j'en peusse rien sçavoir; et m'y estant allé aussitost n'y aurois plus trouvé aucuns de ceulx qui se seroient meuz à ce faict, s'estant escartez tout soubdain, et ce que j'aurois peu faire a esté faire rechercher et perquerir toutz moyens, mesmement par justice, qui auroient esté autheurs et exécu-

(1) Trois cents y furent massacrés, suivant le véridique témoignage de De Thou; trois cent cinquante, suivant Golnitz (*Itinerar. Bellico-Gallicum*). Auparavant, de plus sanglantes exécutions avoient eu lieu dans les prisons, où Mandelot avoit fait renfermer tous les religionnaires. (*Voyez* DE THOU; *Mémoires de l'État de France;* D'AUBIGNÉ, etc.)

teurs de ce faict, et comme le tout est passé (1).
Affin que Votre Majesté en puisse bien au
vray estre esclaircy, je continue, au mieulx
qu'il m'est possible, de contenir toutes cho-

---

(1) « Comme s'il avoit tout ignoré, dit De Thou, et
« pour faire croire que le carnage s'étoit fait à son insu,
« Mandelot se transporta sur les lieux où le massacre
« s'étoit commis, en fit dresser un procès-verbal par un
« notaire, fit crier par toute la ville que ceux qui con-
« noissoient les auteurs de cette boucherie eussent à les
« déclarer; mais on prit ces procédures pour l'effet d'une
« dissimulation ridicule, et les mêmes meurtriers allè-
« rent, sur le soir même, à la prison de Rouane, où ils
« exercèrent tous les genres de cruautés sur ceux qu'ils
« y trouvèrent. Pendant toute la nuit, ce ne furent que
« meurtre et pillage..... La cour de l'archevêché étoit
« toute couverte de cadavres, et, à un certain signal,
« la populace jeta tous ces corps dans la rivière, à l'ex-
« ception des plus gras, qu'on abandonna aux apothi-
« caires, qui les demandoient pour en avoir la graisse. »
(De Thou, Liv. lii.)

L'historien De Serres fait monter à quinze ou dix-huit
cents le nombre des victimes massacrées à Lyon.

ses; voyant ce peuple n'estre pas encores bien
appaisé, et que c'est tout ce que l'on peult
faire, obvier à ung sac; n'ayant néantmoins
jusques icy esté faict aucun tumulte, meurtre
ny saccagement par la ville ny ès maisons,
et estime que le reste des dicts de la religion
saisiz pourront demeurer en seureté ès lieux
où je les ay faict retirer, attendant que je
puisse mieulx entendre ce qu'il plaira à Votre
Majesté en estre faict; et spéciallement de
toutz leurs biens, meubles, marchandises,
papiers et autres que j'ay jà escript avoir faict
saisir et mectre sous votre main, sans toutes-
foiz en estre rien déplacé ny transporté des
lieux et maisons des dicts de la religion.
Osant bien asseurer Votre Majesté que le tout
luy sera seurement et fidellement conservé,
et suis après à pourveoir de les faire retirer
en magasins et lieux seurs, à ce qu'il n'y soit
commis aucun abbus. J'oseray dire à Votre
Majesté que si j'estois l'un à la conseiller, je
ne serois d'oppinion qu'elle feist aucun don

des biens, meubles et marchandises des dicts de la religion, que premièrement on ne veoye ce qu'il y aura, et que pour le moins elle sçaiche la valleur de ce qu'elle donneroit; et que plustost elle feist don et récompense à ceulx qu'il luy plairoït sur les immeubles. Et pour ne mectre en cela la conséquence, je ne veulx estre le premier à en demander à Votre Majesté; m'asseurant que si elle a commencé par quelques autres, elle me faict tant d'honneur de ne m'oblier (1). Au reste, Sire,

---

(1) Pour mettre le comble à l'horreur que doit inspirer le nom de Mandelot, il reste à peser ces dernières lignes. Lui, gouverneur de Lyon, solliciter la première part dans la dépouille de ses victimes! Lui, témoin, actéur, directeur de ce grand attentat, s'occuper froidement, et le lendemain, des moyens d'obtenir le prix du sang répandu! Était-ce donc le moment de le solliciter grand Dieu! Voilà l'un des héros de nos historiens modernes. Citons les seuls témoignages que nous ayons sous les yeux:

« M. de Mandelot garantit la ville et la province où

il me semble ne devoir taire à Votre Majesté que, en tout ce qui eschet icy pour son service, je trouve le sieur de la Manthe prompt et affectionné d'ensuivre à son pouvoir ce que je luy en faictz entendre, dont à la vérité, il mérite estre recongneu et récompensé.

« il commandoit. » (*Dict. hist. des Mœurs et Coutumes des François.*)

« Quelques provinces furent garanties par la probité « et le courage de ceux qui y commandoient. Leurs « noms, quoique écrits dans bien des mémoires, ne sau-« roient être trop répétés. C'étoient le comte de Tende et « M. de Mandelot à Lyon. » (HÉNAULT, *Abrégé chron.*)

« Ajoutons, pour la satisfaction du lecteur, que quel-« ques commandans de provinces refusèrent de se prêter « à l'exécution de ces ordres sanguinaires; Mandelot fut « du nombre. De pareils noms doivent aller à la posté-« rité. » (ANQUETIL, *Hist. de France.*)

« Je dois ici une mention honorable à M. de Mandelot, « qui refusa hautement d'exécuter un pareil ordre dans « son gouvernement. » (SULLY, *Économ. royales.*)

XVII.

LE ROI A MANDELOT.

28 août.

MONSIEUR DE MANDELOT, ayant advisé que soubz coulleur et occasion de la mort dernièrement advenue de l'admiral et de ses adhérens et complices, aucuns gentilzhommes et autres mes subjectz faisans profession de la prétendue religion refformée, se pourroient eslever et assembler pour tascher de faire ou entreprendre quelque chose au préjudice du repos et tranquillité que j'ay tousjours désiré en mon royaume, estant le faict de la dicte mort deguisé, et donné à entendre pour autre cause qu'il n'est adveneu, j'ay faict la déclaration et ordonnance que présentement je vous envoye, laquelle je veulx et entendz que vous faictes incontinant publier à son de trompe et par affiches par toutz les lieux et endroicts de votre dict gouvernement, accoustumez à

ce faire *en telle* proclamation, à ce qu'elle soit
notiffié à ung chacun, et encores que, comme
dict est, j'aye tousjours voullu estre observa-
teur de mon éedict de paciffication, toutesfois
voyant les troubles et séditions qui se pouvoient eslever parmy mes subjectz à l'occasion
de la sus dicte mort de l'admiral et de ceulx qui
l'accompagnoient, voùs ferez faire deffences
particulières aux principaulx de la dicte religion prétendue refformée en votre gouvernement, qu'ilz n'ayent à faire aucunes assemblées
ni presches en leurs maisons ny ailleurs, afin
d'oster tout doubte et soupson que pour ce
l'on en pourroit concepvoir. Semblablement
en advertirez ceulx des villes de votre dict gouvernement que besoing sera à ce qu'ilz ayent
à suivre et observer en cest endroict mon intention; mais que chacun se retire en sa maison
pour y vivre doulcement, comme il est permis
par le bénéfice de mes éedictz de paciffication:
ains seront conservez en ma protection et sauve
garde; autrement là où ilz ne se vouldroient

retirer après le dict advertissement que vous
leur en aurez faict, vous leur courrez et ferez
courir sus et les taillerez en pièces comme en-
nemys de ma couronne (1). Au surplus, quelque commandement verbal que j'aye peu faire
à ceulx que j'ay envoyé tant devers vous que
autres gouverneurs et mes lieutenans généraulx
lorsque j'avois juste cause de maltirer et craindre quelques sinistres événemens, ayant sceu
la conspiration que faisoit le dict admiral à l'encontre de moy (2), j'ay révocqué et révocque

---

(1) « Cette clause, dit De Thou, fut regardée par les
« Protestans échappés au massacre comme détruisant
« toutes celles qui précédoient. »

(2) Ce fut Jean de Morvillers, ancien évêque d'Or-
léans, et alors chancelier de France, qui donna au Roi
le conseil un peu tardif de supposer, de la part de l'amiral, une conspiration. « Ainsi, ajoute encore De Thou,
« bien que l'affaire fût consommée, et qu'on ne pût
« entamer qu'une procédure contraire à l'ordre naturel,
« néanmoins il porta le Roi et la Reine à avoir recours
« aux règles ordinaires de la justice. » (Liv. LII.)

tout cela, ne voulant que par vous ne autres en soit aucune chose exécuté, quy est tout ce que j'ay à vous dire pour ceste heure, priant Dieu vous aveoir, monsieur de Mandelot, en sa saincte et digne garde.

Escript à Paris, le vingt-huitième jour d'aoust 1572.

Signé CHARLES,

Et contresigné FIZES. (1)

---

(1) Tout atroce que soit encore la recommandation de *courir sus* aux Protestans qui ne se tiendroient pas chez eux, cette lettre n'en servit pas moins à interrompre les massacres dans les provinces. Elle parvint à Lyon le 3 septembre, comme le prouve la réponse de Mandelot.

~~~~~~

XVIII.

MANDELOT AU ROI.

Du 5 septembre 1572.

Sire, j'ay receu la lettre qu'il a pleu à Votre Majesté m'escrire du vingt-huit du mois passé, avec son ordonnance et déclaration faicte sur la mort advenue de l'admiral et ses adhérens et complices, que je feray publier cejourd'huy en ceste ville et partout le ressort de ce gouvernement, suyvant ce qu'il luy a pleu me commander. Et y donneray si bon ordre qu'elle sera estroictement gardée et observée, de façon qu'elle n'en aura que tout contentement; mais Votre Majesté devra à ceste heure avoir entendu par le gentilzhomme que je luy ay dépesché, ce qui est advenu en ceste ville le dernier dudict moys passé, quatre jours auparavant que j'aye receu lesdictes ordonnances et lettre de Votre Majesté, par laquelle elle révocque toutz les commandemens verbaulx qu'elle pourroit avoir faict faire par ceulx qu'il luy auroit pleu dépescher devers ses lieutenans généraux. En sorte qu'elle veult et entend qu'ilz ne soyent point mis à exécution (1). J'ay aussy receu, Sire, la lettre qu'il a pleu à Votre Majesté m'escrire (2), par laquelle elle

---

(1) Mandelot, qui avoit eu la prudence de retrancher plusieurs lettres de Charles IX, auroit dû, dans son intérét et celui du prince, supprimer également cette phrase. Elle fait, en effet, suffisamment comprendre de quelle nature étoient ces ordres.

(2) Cette lettre n'a pas été enregistrée par Mandelot; on en devine encore facilement le motif. Toutes réflexions seroient ici superflues. C'est une chose digne cependant de remarque, qu'on n'ait pas su ce qu'étoit devenue la tête de Coligny. Parvenue à Rome, après avoir été, à Paris, foulée aux pieds du duc de Guise, et contemplée avidement par le Roi et par sa mère, assouvit-elle ensuite les regards du représentant de Jésus-Christ sur la terre? Sans doute, aussitôt son arrivée, l'écuyer du duc de Guise courut la déposer chez le cardinal de Lor-

me mande avoir esté advertye qu'il y a ung homme qui est party de par delà, avec la teste qu'il auroit prinse du dict admiral, après avoir esté tué, pour la porter à Rome ; et de prendre garde quand le dict homme arrivera en ceste ville, de le faire arrester, et luy oster la dicte

---

raine, alors à Rome : mais on peut croire que celui-ci, dont là fureur vengeresse pouvoit déjà être refroidie, s'empressa de la faire ensevelir, et n'osa pas l'offrir en spectacle au sacré collége.

Mais, quand on se reporte à l'animosité passionnée de tous les membres de la famille de Lorraine contre l'amiral, on ne peut s'empêcher de concevoir quelques doutes sur le sage Coligny lui-même. Avoit-il donc en effet trempé dans l'assassinat du premier grand duc de Guise ? Certes, il est singulier que la férocité de ses propres meurtriers prévienne ainsi contre son innocence ; mais enfin, le jeune duc de Guise, si implacable à l'égard d'un cadavre inanimé, se montra, dans toutes les autres circonstances de sa vie, le plus généreux, le plus loyal des hommes. C'est là ce qu'il ne faut pas perdre de vue quand on veut retracer l'histoire, et non pas le panégyrique des victimes.

teste; à quoy j'ay incontinant donné si bon
ordre que, s'il se présente, le commandement
qu'il plaist à Votre Majesté m'en faire, sera
ensuivy. Et n'est passé ces jours icy par ceste
ville autre personne pour s'en aller du costé
de Rome, que ung escuyer de M. de Guyse,
nommé Paule, lequel estoit party quatre heu-
res auparavant du jour mesme que je receuz
ladicte lettre de Votre Majesté.

XIX.

LE ROI A MANDELOT.

3 septembre.

MONSIEUR DE MANDELOT, je vous ay faict entendre l'occasion de la mort du feu admyral et de ses complices qui avoient conspiré contre ma personne et ceulx qui me sont les plus chers (1), dont je descouvre tous les jours des indices et preuves manifestes; oultre ceulx que j'en avois auparavant l'exécution (2), que je désire bien recueillir, pour faire congnoistre à ung chacun avec combien de raison, justice et pregnante nécessité j'ay esté contrainct y procéder par ceste voye. Et d'autant que je ne

---

(1) Démenti des causes de la Saint-Barthélemy allégué dans les lettres précédentes.

(2) Cette dernière expression est singulièrement juste.

faitz doubte que de votre costé on n'en puisse
tirer beaucoup de lumières, je vous prie vous
informer et enquérir le plus secrettement que
vous pourrez de ce qui avoit esté escript aux
esglises de delà, après la blesseure dudict
admyral pour se tenir prestz, des menées et
entreprinses qu'ilz avoient en main et projec-
toient ensemble : de tout ce que vous congnoistrez toucher et descouvrir la dicte conspiration, et de ce que vous en apprendrez, en
faire faire bonne information par Chastillon
ou Lange (1), les estimant si gens de bien qu'ilz
y procéderont avecques la vérité et le zèle qu'ilz
ont tousjours monstré à mon service. Et l'information faicte, vous la m'envoyerez incontinant et seurement, bien cloze et scellée, pour
m'en servir à l'éclaircissement de ceste affaire,
en quoy vous jugerez assez que le service que

_____

(1) Nicolas de Langes, lieutenant général de la séné-
chaussée de Lyon ; Chastillon, président au Parlement
de Lyon.

vous me ferez ne me pourra estre que très aggréable, priant sur ce le Créateur, monsieur de Mandelot, etc.

Escript à Paris, le troizième jour de septembre 1572.

Signé CHARLES,

Et contresigné FIZES.

XX.

LE ROI A MANDELOT.

4 septembre.

MONSIEUR DE MANDELOT, je vous ay naguières envoyé une déclaration portant la cause de l'exécution faicte en la personne du feu admiral et ses adhérens, à laquelle j'ay depuis faict adjouster deux articles, comme vous verrez par celles que je vous envoye présentement (1); ayant ordonné d'en adresser autant à chacun des baillifz et séneschaulx de mon royaume, pour les faire publier en leurs ressorts et jurisdiction. A quoy je vous prie tenir la main au dedans de votre gouvernement, à ce que mon intention soit suivye en cest endroict,

---

(1) Sans doute le Mémoire daté de Lyon 2 *septembre*, et de Paris 14 du même mois. Nous le mettons à la suite de cette lettre.

sans permettre qu'il y soit aucunement contrevenu, priant Dieu, monsieur de Mandelot,
qu'il vous ayt en sa saincte et digne garde.

Escript à Paris, le quatrième jour de septembre 1572.

Signé CHARLES,
Et contresigné FIZES.

————

MÉMOIRE *servant d'instruction de ce que le
sieur de Lisle aura à dire, remonstrer et
faire entendre au Roy, estant présentement
dépesché vers sa Majesté, à ceste fin par le
sieur de Mandelot en toute diligence, pour
lùy en rapporter la volunté et intention de
Sa dicte Majesté.*

Sçavoir, ce qu'il plaist à Sa Majesté estre
faict des personnes de ceulx de la nouvelle
religion tenuz prisonniers en ceste ville de
Lyon, qui ont tous esté de mauvaise volunté,
soit par faction des armes, ou bien de ce
qu'ilz ont eu moyen de leur bource; et si Sa

Majesté trouveroit bon que l'on fist exécuter
contre eulx comme l'on feit contre leurs semblables en l'an soixante-sept. (1)

— Le sieur de Mandelot fera tenir soubz
bonne et seure garde ceux de la dicte religion
qui sont notoirement remarquez factieux, et
avoir porté les armes contre le service du Roy,
desquels il envoyra à Sa Majesté les noms et
surnoms pour, sur ce, lui faire sçavoir son
intention (2). Et quant aux aultres, qui auront vescu paisiblement soubz le bénéfice des
édictz de Sa dicte Majesté, le dict sieur de Mandelot les fera mettre en liberté, pour vivre
en leurs maisons suivant la déclaration qui
luy a esté puis naguières envoyée, sans que
lesdicts de la religion soyent offencez ni oul-
tragez en aucune sorte.

_____

(1) Reconnoît-on ici l'homme qui ne se seroit prêté
qu'avec répugnance au massacre?

(2) C'est-à-dire, pour attendre quel sera ensuite l'ar-
rêt du Roi relativement à ces personnes.

L'on en auroit mys environ deux cens des plus factieux dedans une prison de l'archevesché qu'on estimoit la plus forte, laquelle néantmoins a esté forcée par le peuple pendant que le dict sieur de Mandelot estoit à la Guillottière pourveoyant à quelque désordre; et arrivant à la dicte prison où il se seroit achemyné quant et quant qu'il auroit senty de ce bruict, auroit trouvé tous les prisonniers mortz, et le peuple escarté de là sans avoir peu faire recongnoistre les autheurs ny exécuteurs : dont il feit soudain faire recherche et perquisition par toutes veoyes, mesmement de justice, qui jusques icy n'en a encores rien trouvé de particulier.

— Sa Majesté est déplaisante que le peuple ayt, *de son authorité privée*, entreprins telle exécution, et donnera, le dict sieur de Mandelot, ordre qu'il n'advienne cy-après semblable inconvénient.

Le dict sieur de Mandelot continue pour-

veoir, par tous moyens possibles, à contenir
toutes choses, veoyant ce peuple n'estre pas
encores bien appaisé, et que c'est tout ce que
l'on peult faire que d'obvier à un sac : n'estant encores arrivée aucune force de la noblesse de ce gouvernement, ausquelz auroit
esté escript suivant les lettres de Sa Majesté ;
n'ayant néantmoins jusques icy esté faict tumulte ny saccaigement par la ville ny ès
maisons.

— Sa dicte Majesté se repose tant sur la prudence du dict sieur de Mandelot, qu'il sçaura
bien pourveoir à ce qu'il n'advienne aucun
désordre en la dicte ville..

Tous les biens des dicts de la religion nouvelle, tant meubles, marchandises, pappiers,
que aultres choses trouvées en leurs maisons,
ont esté saisiz et mis sous la main de Sa Majesté, sans touteffois estre encores rien re-
mué ny desplacé ; et se pourveoit de magasins
et lieux propres pour y faire retirer le tout

par bons inventaires et soubz la garde de personnes fidelles, se pouvant asseurer Sa Majesté que le tout sera conservé avec toute la seureté possible, pour en estre suivy sa volunté ; comme aussy de ce qui se descouvrira estre deu aus dicts de la relligion. A quoy le dict sieur de Mandelot veille par tous moyens, l'asseurant qu'il s'en trouvera de bonnes sommes.

— Les biens qui ont esté prins à ceulx de la dicte religion leur seront renduz, et ceulx des mortz à leurs héritiers, pour en joyr comme ils faisoient auparavant la dicte saisye.

Plaira aussy à Sa Majesté faire entendre comme l'on aura à se gouverner sur ce que plusieurs marchans et aultres catholicques font apparoir leur estre deu plusieurs sommes des dicts de la religion pour lesquelles ilz recherchent faire faire saisyes et arrêtz sur leurs biens et marchandises, qui sembleroit mieulx sur les immeubles pour plusieurs rai-

sons, mesmement si Sa Majesté voudra,
comme l'on estime, que les dicts créanciers,
. bien deubz et légitimes, soient satisfaitz,
dont il lui plaira donner sa résolution au dict
sieur de Mandelot.

— Chacun demourera en son action de
poursuivre librement par la voye de justice ce
qu'il fera apparoir luy estre deu.

Il y a plusieurs de la dicte religion nouvelle
qui montrent toute volunté de vouloir abjurer leur dicte religion pour vivre doresnavant
catholicquement. Sur quoy il plaira à Sa Majesté faire entendre son bon plaisir de ce que
l'on aura à faire.

— Le dict sieur de Mandelot renvoyera devers l'évesque ou ses officiers ceulx de la dicte
religion qui voudront abjurer, pour les récon-
cilier et recevoir en l'église, et vivre ci-après
catholicquement, et en ce faisant Sa Majesté

entend qu'ils soyent conservez comme les autres catholicques.

Faict à Lyon, le deuxième jour de septembre 1572.

Faict à Paris, le quatorzième jour de septembre 1572.

Signé CHARLES,

Et contresigné FIZES. (1)

---

(1) Ces réponses de la cour sont presque irréprochables; malheureusement les lettres suivantes laissent à penser qu'elles n'étoient qu'ostensibles, et non pas destinées à devenir la règle du gouverneur de Lyon.

XXI.

MANDELOT AU ROI.

Du 17 septembre 1572.

Sire, ayant entendu que Votre Majesté ayt quelque mescontentement de ce que aucun des riches de ceste ville estans de la religion se soyent saulvez à ces derniers événemens, cela m'a touché de si près contre la sincérité dont j'y ay procédé, qu'il m'a semblé ne devoir faillir luy faire la présente; attendant la réponce qu'il luy plaira faire à ma dépesche par le sieur de Lisle (1); et c'est, Sire, pour la supplier très humblement croire que ce a esté à mon très grand regret que aucun se soit sauvé (2), et que ce n'a esté ung seul par

___

(1) Celui qui avoit porté au Roi, par l'ordre de Mandelot, le Mémoire ci-dessus, page 64.

(2) Quel Roi que celui auquel on croyoit devoir ainsi parler!

mon moyen (1). Car toutz ceulx qui me vin-
drent entre les mains, auparavant l'exécution
que feit le peuple, je les feis tous mectre en
la prison que le dict peuple forcea depuis,
où ilz furent visitez par des eschevins de ceste
ville qui les pouvoient congnoistre; pour en
tirer les paouvres, qui furent mis en autres
prisons, pour pouvoir plus aisément pourveoir à leur nourriture; ne laissant en celle-là
que les riches qui se pouvoient traicter à leur
plaisir, et toutz autres gens ayant porté les
armes pour la religion (2). La pluspart ayant

---

(1) Quoi qu'en disc l'honnète Mandelot, l'empresse-
ment qu'il mit à demander sa part dans le butin fait sur
les Protestans, dès le lendemain du massacre, suffiroit
pour faire soupçonner à la cour son intégrité. Le lecteur peut ici, sans rougir, partager les sentimens et les
défiances de Charles IX.

(2) Remarquez cette manière de présenter les objets :
Ne laissant que les riches et les coupables; les premiers,
sans doute, comme les plus criminels. Mandelot agit ici
en habile courtisan. S'il eût dit : *Ne laissant, des riches,*

beaucoup de moyens; pour le moins sçay-je qu'il y en avoit une vingtaine qui, l'un portant l'aultre, se fussent racheptez de trente, voyre de quarante mil escuz, qui estoit assez pour tenter ung homme corruptible. Mais Dieu me doinct plustost la mort honteuse, que de faire chose qui soit contre le service de Votre Majesté, ny que toutz les biens de ce monde me puissent commander tant, que de me faire y rien oblyer. Le suppliant très humblement de croire que j'en ay les mains et la conscience nette; la pouvant asseurer

---

que ceux qui avoient porté les armes, etc., etc., il étoit perdu sans retour.

Que le philosophe médite cette lettre; qu'il rapproche les révélations de Mandelot du caractère à la fois prodigue et avare de la Reine-Mère, et des embarras continuels dans lesquels se trouvoit le trésor, peut-être n'aura-t-il pas de peine à placer au nombre des premières causes de la Saint-Barthélemy, l'espoir de remplir les coffres de l'État, et de se rendre maîtres de tous les biens des religionnaires.

sur ma vie que si elle n'a esté satisfaitte en ce faict icy, je n'en ay aucune coulpe, n'ayant sceu quelle estoit sa volunté que par umbre, encores bien tard et à demy ; et ay craint, Sire, que Votre Majésté fust plustost courroucée de ce que le peuple auroit faict, que de trop peu (1), d'aultant que par toutes les autres provinces circonvoysines il ne s'est rien touché. Brief, Sire, j'appelle Dieu et les hommes à tesmoing, si j'ay en rien les mains souillées du bien d'aultruy (2). Et s'il se trouve avec vérité, je lui porteray ma teste où elle me commandera ; la suppliant tant et si très humblement qu'il m'est possible, que de choses qu'on luy pourroit dire, elle ne veuille rien croire que ce qui se doibt d'ung des plus

---

(1) Les naïves et suppliantes terreurs de Mandelot équivalent ici à une page de Tacite.

(2) *Souillées du bien d'autrui*, peut-être ; mais certainement du sang de tes concitoyens, malheureux Mandelot !

fidelles serviteurs qu'elle aye en ce monde ; et que aussy les biens ne me commandent en façon que ce soit, comme ma pauvreté en peult estre assez bon tesmoignage, n'ayant jamais espargné pour son service, non plus les biens que la vye, ainsi que je doibs et suis tenu, et n'auray oncques repos d'esprit que je ne scache que Votre Majesté me tienne tout aultre que peut-estre aucuns luy auront voulu persuader ; comme plus particulière-ment et au long luy sçaura dire *La Rue*, qui faict mes affaires par delà, auquel j'en en-voye ung mémoire (1) au vray pour le faire entendre à Votre Majesté, s'il luy plaira me faire tant d'honneur de l'en escoutter.

---

(1) Ce Mémoire n'a pas été enregistré dans le manu-scrit que nous avons sous les yeux.

XXII.

LE ROI A MANDELOT.

11 septembre.

MONSIEUR DE MANDELOT, suivant ce que vous ay escript et faict entendre par mes dernières dépesches de la bonne et droicte intention que j'ay envers toutz mes subjectz, je ne désire rien tant que de veoir toutes choses en repos en mon royaume, et que aucuns de mes dicts subjectz qui pourroient estre en doubte et deffiance à cause de l'émotion advenue sur la mort du feu admiral, soient asseurez de ma sincère et bonne volunté en leur endroict; n'ayant jamais esté ny n'est ma volunté que ceulx qui ne sont coulpables de la malheureuse conspiration faicte contre moy par le dict admiral et ses adhérens et complices, en souffrent aucun déplaisir, mais soient conservez, ainsi que mes autres subjectz. M'asseurant qu'ilz se conformeront à ma dicte volunté après l'avoir entendue, tant par la déclaration qui en a esté publiée par vous, que par les bailliages et seneschaulcées de mon royaume, dont vous asseurerez encores de ma part mes dicts subjectz, suivant la charge et pouvoir exprès qu'en avez de moy. Et pour ce que j'ay journellement advis que, soubz coulleur de la dicte émotion, il se commect en plusieurs lieux de mon royaulme infiniz maulx et exécutions sur plusieurs mes subjectz par aucuns qui, soubz prétexte de mon service, se sont d'eulx-mesmes licentiez à prendre les armes et s'assembler, allans par les champs piller les maisons d'aucuns gentilzhommes et aultres mes subjectz, disans contre vérité que par moy leur a esté ainsi permis; je vous prie que, sur toutz les services que désirez me faire, vous donnez ordre entendre de tous les costez et endroictz de vostre charge, où il y aura gens en armes, afin de les mander

venir à vous, ou s'ilz estoient loing, envoyer
vers eulx gentilzhommes capables à ce qu'ilz
vous facent entendre soubz quel prétexte et
authorité ilz les auront prinses. Et si ce ne
sont gens de mes ordonnances, ou qui ayent
charge par escript de moy ou de mon frère
le duc d'Anjou, mon lieutenant général, et
qui ne soient pour me faire service, faictes-
leur incontinant mectre les dictes armes bas,
et s'ilz estoient si téméraires que de ne vouloir à l'instant obéir au commandement que
leur en ferez de ma part, donnez ordre de
les rompre et tailler en pièces, si bien que la
force m'en demeure. Voulant aussy que vous
faictes promptement faire la plus grande et
exemplaire justice qui vous sera possible d'une
infinité de volleurs et brigands, qui font plusieurs pilleries et rançonnements par les vil-
laiges et maisons estans aux champs; car je
désire que toutz maulx soyent pugnis et chastiez exemplairement, de peur qu'ilz prennent racine plus avant. Et m'asseurant que

y donnerez incontinant l'ordre qui y est requis, je ne vous feray la présente plus longue, priant Dieu, monsieur de Mandelot, etc.

Escript à Paris, le onze septembre 1572.

Signé CHARLES,

Et contresigné FIZES.

XXIII.

22 *septembre.*

Le Roy, considérant combien les officiers et magistrats de la justice et ceulx aussi qui ont le manyement et administration de ses finances, qui sont de la nouvelle opinion, seroient suspects, odieux, et mettroient en grande deffiance ses subjectz catholicques, s'ilz exerçoient à présent leurs offices après ces esmotions fraischement advenues, pour l'auctorité que les dicts offices de justice et finances donnent à ceulx qui les tiennent, et que cela pourroit ramener au peuple nouvelle occasion de s'esmouvoir, et mesmes ne seroient par ce moyen iceulx officiers de la nouvelle oppinion sans danger d'inconvénient en leurs personnes, encores qu'ilz abjurassent la dicte nouvelle oppinion, et feissent

profession de la saincte foy et religion catholicque et romaine.

Sa Majesté, désirant éviter et obvier aux
maulx et nouveaulx troubles que seroient
pour en advenir, advise de faire déporter les
dicts officiers de l'exercice de leurs offices
jusques à ce que par elle aultrement en soit
ordonné ; et que néantmoins, obéissant cependant iceulx officiers à sa volunté, et vi-
vant paisiblement en leurs maisons sans rien
attenter, praticquer ne entreprendre contre
son service, ilz seront payés de leurs gaiges,
et ceulx qui vouldront résigner leurs dicts
offices à personnes catholicques et capables
se retirans devers Sa dicte Majesté, elle leur
pourveoyra fort favorablement.

Et pour le regard des menuz officiers sans
gaiges qui ne se tiennent factieux, comme
notaires, sergens et aultres, ausquelz leurs
offices n'atribuent point d'auctorité, et ne
peuvent estre si odieux ni en deffience au

peuple que les aultres, Sa dicte Majesté a aussi
advisé que iceulx menuz officiers qui vouldront
abjurer la dicte nouvelle oppinion, et
faire profession de la dicte foy et religion catholicque, appostolicque et romaine, pour y
vivre doresnavant, seront laissez et continuez
en l'exercice et jouyssance de leurs estatz,
et que les aultres menuz officiers qui vouldroient
persister en leur dicte nouvelle oppinion se déporteront de leurs dicts estatz jusques à ce qu'il y ait aultrement esté pourveu
par Sa dicte Majesté, et ce pour les inconvéniens qui leur pourroyent advenir s'ilz exerçoient leurs dicts estatz, à cause du grand
soupçon et deffiance que ont les dicts catholicques de ceulx qui sont de la dicte nouvelle
oppinion. Et touteffois Sa dicte Majesté, ayant
mis en considération que la pluspart d'iceulx
nommez officiers n'ont aultre moyen de vivre
que l'exercice de leurs dicts offices, elle veult
qu'ilz soient en liberté de pouvoir résigner
à personnes catholicques et capables, et lors-

qu'ilz se retireront vers elle pour cest effect, elle leur fera faire toute la plus grande grâce et modération de finance qu'il sera possible.

Laquelle résolution, vouloir et intention de Sa dicte Majesté, elle veult estre déclarée aux dicts officiers de la nouvelle oppinion, tant par ses gouverneurs et lieutenans généraulx de ses provinces, que par les gens tenans ses courtz de parlement, chambres de ses comptes, courtz de ses aydes, gens du grand conseil, trésoriers de France et généraulx de ses finances, baillis, séneschaulx, prevostz, juges ou leurs lieutenans, et chacun d'eulx et comme à luy appartiendra. Et à ceste fin veult et entend Sa dicte Majesté qu'ilz ayent chacun en leur esgard à faire appeller pardevant eulx, particulièrement et à part, chacun des dicts officiers de la dicte nouvelle oppinion, qui seront de leurs corps, charges, siéges et jurisdictions; et les admonestent de se conformer en cest endroict à l'intention de Sa dicte Majesté telle qu'elle est cy-dessus.

Et si aulcuns des dicts officiers de justice et finance de la dicte nouvelle oppinion ayant auctorité à cause de leurs dicts estatz, s'offroient et vouloient retourner au sein de l'esglise appostolicque et romaine, leur sera dit que Sa dicte Majesté l'aura très aggréable, n'ayant rien en plus singulière affection : et que cela luy donnera tant plus de fiance et d'assurance de leur bonne volunté, et que Sa dicte Majesté ne lessera pas de se servir d'eulx à l'advenir, mais leur pourvoyra cy-après, selon que leurs déportemens le mériteront ; et cependant néantmoins, veult pour les raisons dessus dictes, qu'ilz se déportent de l'exercice de leurs dicts estatz et offices, jusques à ce que, comme dict est, par elle aultrement en soit ordonné.

Et pour ce que en plusieurs lieux et endroictz de ce royaume l'on a faict procéder par voye de saisye sur les biens de ceulx de la dicte nouvelle oppinion qui sont mortz ou qui s'estoient absentez, et des aultres qui estoient

cachez et de ceulx aussy qui estoient demeu-
rez en leurs maisons, encores que Sa dicte Majesté ayt jà faict entendre par sa déclaration
du 28 du moys d'aoust dernier, qu'elle vouloit
et entendoit que les dicts de la nouvelle oppinion entrassent en leurs biens; touteffois, afin
qu'il ne soit en cela aucunement doubté de
sa dicte intention, ny faict chose contraire à
icelle, elle déclare de nouveau, veult et entend que, suivant la dicte déclaration du 28 du
moys d'aoust dernier passé, ceulx de la dicte
nouvelle oppinion qui sont encores vivans,
présens ou absentz, et ne se trouveront chargés ne coulpables de la dernière conspiration,
ny avoir attenté contre Sa Majesté et son Estat
depuis son dernier édict de paciffication, soient
remis et restituez en leurs maisons, ensemble en
la possession et jouyssance de tous et chacuns
leurs biens, meubles et immeubles; et que les
vefves et héritiers de ceulx qui sont mortz
leur puissent succéder et appréhender tous et
chacuns leurs biens, et main-levée leur estre

baillée de ceulx qui seront saisiz, et que en
iceulx ilz soient maintenuz et gardez sous la
protection et sauve-garde de Sa dicte Majesté,
sans qu'il leur soit meffaict ne mesdict en
quelque sorte ou manière que ce soit. Voulant
à ceste fin toutes les seuretez qui leur seront
nécessaires leur estre baillées, et que les officiers et magistratz, ensemble les maires et es-
chevins et tous autres ayans charges publicques les maintiennent en toute seureté, avecques deffences à toutes personnes, de quelque
estat, qualité et condition qu'ilz soient, de
n'attempter ny les offencer en personnes ne
biens, sur peyne de la vye; et néantmoins veult
Sa dicte Majesté que ceulx de la dicte nouvelle religion se submettent et promectent sur
peyne d'estre déclairez rebelles et criminelz
de lèze-majesté, de vivre doresnavant soubz
l'obéissance d'icelle sans rien attempter ny
adhérer à ceulx qui attempteront contre Sa
dicte Majesté et son Estat; ny pareillement
pour chose contre ses ordonnances de ne con-

gnoistre autres que Sa dicte Majesté, ouceulx qui ont et auront auctorité et charge de commander soubz elle, et que où ilz sçauront que l'on attempteroit à l'encontre d'icelle Sa dicte Majesté, de son Estat et service, de le luy révéler incontinant et à ses officiers, comme ses bons et loyaulx subjectz.

Et pour lever toutz doubte et soupson tant à la noblesse que autres, à cause de ce que en la déclaration du 28 du moys passé sont contenuz ces mots : si n'est touteffois qu'ilz soient des chefs qui ayent commandement pour ceulx de la dicte religion, ou que ayant faict des praticques et menées pour eulx, et lesquelz pourroient avoir eu intelligence de la conspiration susdicte, Sa dicte Majesté déclare qu'elle n'entend que des choses faictes et passées durant les troubles précédent l'éedict du moys d'aoust 570 soient faictes aucunes recherches, ny que aucun en soit molesté ny travaillé en sa personne ny biens : ains que, pour ce regard, ilz jouyssent du bénéfice de l'éedict : mais que les susdicts motz s'entendent seulement de ceulx qui se trouveront avoir adhéré ou estre coupables de la dernière conspiration faicte contre la propre personne de Sa dicte Majesté et son Estat, et que les autres qui sont prisonniers soient miz en liberté.

Et quant à ceulx qui vouldroient faire profession de foy et retourner à la religion catholicque, Sa dicte Majesté désire que ses gouverneurs et officiers les excitent et confortent le plus que faire se pourra, à l'effect et exécution de ceste bonne volunté; que leurs parens et amys soyent aussy admonestez à faire le semblable de leur part, et leur ayder en tout ce qu'ilz pourront. Et si aucuns les offensoyent en personnes ou en biens, Sa dicte Majesté veult que prompte et rigoreuse pugnition en soit faicte. Et afin que l'on suíve la forme qui a esté tenue icy en la profession de foy que font ceulx qui retournent à l'Église catholicque, appostolicque et romaine, il en est envoyé aultant avecques ce présent mémoire.

Faict à Paris, le vingt-deuxième jour de septembre 1572.

Signé CHARLES,

Et plus bas PINART.

XXIV.

LE ROI A MANDELOT.

24 septembre.

MONSIEUR DE MANDELOT, j'ay entendu que le peuple de ma ville de Rouen s'est puys quelques jours assemblé, et par force et violence rompu les prisons où estoient aucuns de la nouvelle oppinion, quelque résistance et empeschement que y ayent peu mectre ceulx de ma cour de parlement et autres mes officiers, et en icelles tué les dicts prisonniers ou la plus grande partye et quelques autres aussi qui estoient en la dicte ville. Et d'autant que ceulx des autres villes se voudroient possible servir de tel exemple et en faire de mesme en leur endroict, ce que vous sçavez estre directement contre mon voulloir et intention, comme je l'ay assez donné à congnoistre par la déclaration que j'ay naguières faicte pour le regard de ceulx de la dicte nouvelle oppinion, je vous prie incontinant la présente receue, faire par toutz les lieux de vôtre gouvernement expresses deffences à toutes personnes, de quelque qualité et condition qu'elles soient, de tuer, piller et saccager en aucune sorte que ce soit, soubz coulleur et prétexte de la religion ; ny emprisonner aucun, si ce n'est par ordonnance de justice, à peyne contre ceulx qui y contreviendront, d'estre puniz de mort sur-le-champ, sans autre forme de procès, à l'exécution de quoy vous tiendrez très estroictement la main, sans permettre qu'il y soit usé d'aucune connivence ne dissimulation : et ferez semblablement sçavoir à tous gentilzhommes et autres de la dicte nouvelle oppinion, qui se trouvent, pour crainte et doubte des choses passées, absentz de leurs maisons et demourances, de s'y retirer avecques asseurances d'y estre conservez et gardez contre toute injure, forces et viollences. Et, à ceste fin, s'ilz ont besoin de sauve-garde, et ilz la requièrent, leur en octroyer en si bonne forme qu'ilz s'en puissent asseurer et demeurer en repos, déclarant, au surplus, que mon intention n'est que l'éedict dernier faict sur la paciffication des troubles soit aucunement enfrainct ny violé, ains qu'il demoure en son entier, excepté touteffois pour le regard des presches et assemblées, que je veulx estre révocquées et interdictes, pour les maulx et inconvéniens qui en sont advenuz, et affin de ramener (moyennant la grâce de Dieu) tous mes subjectz en une mesme religion, et telle qu'elle a tousjours esté recongneue et observée en ce royaume, comme le seul moyen de restablir la paix et le repos qui y est nécessaire. Priant Dieu, monsieur de Mandelot, qu'il vous ayt en sa saincte et digne garde.

Escript à Paris, le vingt-quatrième jour de septembre 1572. *Signé* CHARLES,

Et contresigné FIZES. (1)

---

(1) Toutes ces lettres; la plupart écrites en circulaires,

redisent la même chose, et témoignent par conséquent assez qu'on n'en observoit pas les dispositions. La cour, maintenant, voulant se montrer généreuse, consent à désorganiser le massacre. Qu'en avoit-elle besoin encore? presque tous les chefs du parti n'existoient plus; Charles avoit vengé ses injures; il ne prétendoit pas venger celles de tous ses sujets catholiques.

———

XXV.

MANDELOT AU ROI.

Du 25 septembre 1572.

SIRE, suivant ce qu'il auroit pleu à Votre Majesté m'escrire et commander par ses lettres du 3 de ce moys, m'enquérir et informer secrettement de ce que pourroit avoir esté escript de delà icy aux esglises de la religion après la blesseure de l'admiral sur les menées et entreprinses de la conspiration, et que j'eusse à en faire bonne information par le président Chastillon et lieutenant Langes, je n'aurois failly y veiller tout aussitost par toutz moyens, et leur commectre de faire leurs informations, lesquelles j'envoye présentement à Votre Majesté; qui verra par icelles, seulement quelques conjettures et indices de la dicte conspiration, dont touteffois ne s'est peu descouvrir ny esclaircir autre chose jusques à présent, ayant les dicts de la religion, comme il est aysé à croire, si bien sceu réserver et esvanouir ce qu'ilz auroient peu avoir eu par escript là-dessus de la première nouvelle entendue du danger sur eulx, qu'il ne s'en est rien trouvé parmy leurs papiers, qui ont esté incontinant et soigneusement visitez et recherchez. Ayant lesdits sieurs Chastillon et Langes. usé en ce faict tout le soing et vigillance pos-. sibles; j'y ay aussi particulièrement employé l'auditeur Guichen, conseiller en ce siége, que je congnois entièrement fidel et affectionné au service de Votre dicte Majesté, duquel l'information est avec la susdicte.

XXVI.

MANDELOT AU ROI.

Du 6 octobre 1572.

Sire, depuis le retour par-deçà du sieur de Lìsle avecques la dépesche qu'il m'avoit apportée de Votre Majesté, s'en est aussi retourné de delà le sieur du Peyrat, par lequel elle aura peu entendre comme l'on a proceddé icy en toutes choses depuis qu'il y arriva (1). Et maintenant, ayant faict dresser du tout ung procez-verbal et mémoires bien amples, j'ay advisé envoyer les à Votre dicte Majesté par ce porteur Denetz, mon secrettaire; lequel ayant veu à l'œil comme les choses sont passées, et aussi en estant amplement instruict de moy, oultre

_____

(1) C'est bien là le style que renouvelèrent plus d'une fois ces conventionnels chargés, en 1793, d'organiser la terreur à Nantes, à Lyon, à Nancy, etc.

les procez-verbal et mémoires qu'il plaira à
Votre Majesté veoir et faire veoir en son conseil, sçaura représenter et faire entendre tout
particullièrement et en pure vérité à Votre
dicte Majesté, affin qu'elle en soyt entièrement bien esclaircye; mesmement d'aucunes
particularitez *qui ne se mettent par escript.*
La suppliant tant et si très humblement qu'il
m'est possible, l'en vouloir ouyr et croire,
comme aussi de toutes autres occurrences de
deçà, dont il est pareillement deuement in-
formé. Et par luy pourra aussi Votre dicte Majesté me faire entendre seurement ce qu'il luy
escherra me commander de sa volunté et in-
tension; comme si elle les disoit à moy-mesmes,
qui congnois le dict Denetz si fidel et affectionné et de si long-temps employé au service
de Votre Majesté, mesmement près de moy
depuis que je suis en ceste charge, que je luy
confye toutes choses. Je l'ay aussi chargé, Sire,
ressouvenir à Votre Majesté la très humble
requeste que je luy faictz encores par ceste-cy,

qu'il luy plaise conserver à ung mien frère une petite abbaye de laquelle, en ma considération, luy auriez dès long-temps faict don, et en auroit esté deuement pourveu et mis en réelle possession paisible; qui est le premier et seul bienfaict que j'aye receu de Votre dicte Majesté.

———

ARTICLES ET MÉMOIRES *servant d'instruction à Denetz, vallet de chambre du Roy, et secrettaire de M. de Mandelot, gouverneur à Lyon, présentement dépesché vers Sa Majesté par mon dict sieur de Mandélot.*

Premièrement, fera entendre au Roy de la part du dict sieur de Mandelot, que, sur le commancement de ces nouveaulx remuementz advenuz à Lyon, auroit esté advisé pour obvier au pillaige, que l'on mettroit des soldatz par toutes les maisons de ceulx de la religion, leur promettant que, moyennant qu'il ne fust rien pillé, l'on leur donneroit ung moys, qui a esté cause que tout s'est conservé soubz la main du Roy, jusques à ce qu'il a pleu à Sa Majesté ordonner que main-levée fût faicte à iceulx de la religion : ce qui auroit esté faict, et par mesme moyen ung département sur eulx de 8 à 9,000 livres, pour estre employé au payement du dict moys promis aux soldatz tant souisses que cinquante harquebousiers et ceulx de la cittadelle (1), comme aussi pour autres fraiz qu'il auroit convenu faire pour le service du Roy et seureté de ceste ville. Et où Sa Majesté ne trouveroit bon la dicte levée, l'on pourra rabatre aux susdictz soldatz sur le premier payement qui leur sera faict ce qu'ilz en auront touché, et en rembourser ceulx de la dicte religion, s'il plaist à Sa Majesté ainsi l'ordonner; encores qu'il semble que ceste somme soit bien peu de chose pour eulx, respect de ce que l'on leur a saulvé; aussi que la pluspart ne s'en

—————————————

(1) *Voyez* la première Lettre, à la fin.

plaignent point, si ce n'est les plus riches qui pensent avoir de la faveur. (1)

A esté faict une ordonnance pour le regard de la main-levée des biens des dicts de la religion, suivant ce qu'il auroit pleu au Roy mander au dict sieur de Mandelot; de laquelle ordonnance le dit Denetz en porte coppie pour icelle faire veoir.

Et touteffois semble qu'il seroit bon de continuer la dicte saisye faicte sur les biens des dicts de la religion absens, et establir et depputer commissaires pour en recevoir les fruictz, après touteffois leur avoir faict entendre qu'ilz eussent à se retirer en leurs maisons, sur peyne de confiscation de leurs biens comme rebelles, et se saisir de leurs femmes et enfans pour les tenir en craincte (2) à n'entreprendre de machiner aucune chose contre le service du Roy.

_____

(1) On retrouve encore ici, dans Mandelot, le même sentiment de loyauté et le même amour de la justice.

(2) *Les tenir en crainte!* et à quel propos? La Saint-

Encores que M. de Mandelot ayt faict entendre, tant en général qu'en particullier, à
tous les marchans souisses et allemandz, de-
mourant à Lyon, que si d'advanture ilz eussent
receu quelque perte ou dommage en leurs
maisons d'aucune chose quelle qu'elle soit, de
le luy dire et déclarer pour leur en faire faire
incontinant restitution et réparation, de quoy
n'y a esté personne d'eulx qui s'en soit plainct,
néantmoins les sieurs des troys lignes grises
ayans sceu ce qui est adveneu à Paris et en
ceste dicte ville, aussi et sur quelques ad-
vertissemens qu'ilz auroient eu de quelques
plainctes à eulx faictes par aucuns marchans
particulliers leurs alliez et combourgeois de-
mourans à Lyon, auroient dépesché ung ambassadeur devers Sa Majesté : lequel estant
arrivé à Lyon, ayant faict entendre les dictes
plainctes à mon dict sieur de Mandelot, il y

Barthélemy ne suffisoit-elle pas? Où conspiroient-ils? Où
faisoient-ils mine de se soulever?

auroit si bien pourveu qu'il n'a voulu passer oultre pour s'en aller à la cour faire entendre la charge qu'il avoit de sa légation, ains s'en est retourné devers ses supérieurs, très content et satisfaict; l'ayant mon dict sieur de Mandelot rendu capable bien particullièrement de ce qui seroit advenu à Paris et en aultres principalles villes de France, qui n'a esté pour aultre chose qu'à l'occasion de la conspiration faicte par l'admiral et ses adhérens et complices contre la personne du Roy, ainsi que l'on auroit descouvert, à la vérité, par aucuns gens de bien : ce qu'il a eu aggréable de sçavoir. pour en faire le rapport à ses supérieurs, qui en estoyent en doubte.

Fait à Lyon, le six octobre 1572.

XXVII.

LE ROI A MANDELOT.

19 décembre.

MONSIEUR DE MANDELOT, pour ce que sur l'occasion d'une petite blesseure que depuis deux jours j'ay receue au bras, l'on pourroit faire courir le bruict que ce fust-ce plus grande chose que ce n'est, je vous ay bien voulu escrire la présente pour vous en advertir, afin que vous le faictes entendre partout où besoing sera. C'est qu'estant ces jours passez à la chasse près mon chasteau de Saint-Germain-en-Laye, et poursuivant le sanglier qui estoit dans les toilles, je me blessay au bras gauche sans qu'il y ayt aucun nerf ne veine couppée ny blessée, ny que je sois en danger d'aucun inconvénient pour ceste occasion, et ne laissay pas de partir le lendemain pour retourner couchier en ceste ville, où je suis à présent en très bonne santé grace à Dieu, auquel je prie, monsieur de Mandelot, vous avoir en sa saincte et digne garde.

Escript à Paris, le dix-neuvième jour de décembre 1572.

Signé CHARLES,

Et contresigné FIZES.

LETTRE

ENVOYÉE AU ROI D'ESPAGNE

PHILIPPE II,

PAR LE CONSEIL DES SEIZE,

EN 1591,

PENDANT LE SIÉGE DE PARIS.

II.

AVANT-PROPOS.

La pièce suivante est tirée du manuscrit de la Bibliothéque du Roi coté 9137 (*Fonds de Béthune*), et portant au dos le titre : *Mémoires de la Ligue;* elle s'y trouve originale. De Thou, livre cii de sa grande Histoire, en a cité quelques passages, mais assez inexactement : le *Journal de l'Estoile* et les auteurs de la *Satire Ménippée* n'ont pas manqué de rappeler explicitement les expressions injurieuses qu'elle contenoit : mais ni de Thou, ni les autres n'avoient pris connoissance de la pièce elle-même; autrement ils se fussent empressés de la publier dans toute sa curieuse intégrité.

Ce fut le gouverneur de Bourbonnois, Gilbert de Chazeron, qui la saisit sur la personne de Claude Matthieu, de la Société de Jésus, comme ce digne homme se mettoit en mesure de la porter lui-même au *dæmonium meridianum,* le roi Philippe II. Le P. Daniel a prétendu que ce P. Matthieu étoit mort à Rome trois années auparavant, mais il n'a appuyé ce fait d'aucune preuve. La lettre que nous publions peut bien donner à croire que ce même jésuite avoit été chargé auprès du Souverain Pontife d'une mission analogue à celle qu'il s'agissoit de remplir auprès du roi d'Espagne; mais comme on ne connoît pas d'autre ligueur du même nom, on ne peut guère méconnoître ici dans le messager des Seize ce fougueux prédicateur si cher alors à la populace parisienne, et comme anarchiste, et comme jésuite.

Les temps ont changé. Le peuple, ou comme nous disons mieux, l'*opinion publique*, toujours aussi défavorable à ceux qui gouvernent, n'a plus pour auxiliaires, dans ses naturelles aversions, les membres de cette célèbre compagnie. C'est qu'au fantôme de la religion a succédé de nos jours le fantôme de la liberté; c'est que les cafés et les estaminets ont remplacé le parloir des couvens et la chaire des paroisses; c'est enfin, qu'à défaut de prédicateurs qui fassent l'apologie de 1572, nous avons nos orateurs quotidiens qui se chargent de celle de notre glorieuse révolution :

Mutato nomine de te
Fabula narratur.

—- Nous avons vu, par la correspondance de Mandelot, à quels excès peut conduire la puissance suprême déposée en d'indignes mains : la lettre des Seize, au contraire, nous fera méditer sur les extravagances nécessaires auxquelles finissent toujours par se livrer les citoyens, quand, débarrassés violemment de leurs magistrats naturels, ils essaient, par lassitude d'un gouvernement paisible, de diriger eux-mêmes le timon de l'État. Peut-être aussi remarquerons-nous que nos annales ne nous offrent qu'un seul roi dont les actes aient été réellement funestes à la chose publique (1); tandis qu'elles nous montrent quatre fois les principes mo-

---

(1) Encore pourroit-on soutenir que tout le crime de Charles IX fut d'avoir laissé agir *le peuple souverain.* C'est *le peuple* qui soupiroit après la Saint-Barthélemy, et la cour, en ordonnant le massacre, ne fit que céder à l'impulsion *populaire.* Ainsi donc, si Charles IX mérite d'être à jamais exécré, c'est pour n'avoir pas eu la force de résister à *l'opinion publique* de son temps.

narchiques, base constitutionnelle de la France, étourdiment foulés aux pieds (1), et quatre fois aussi les mêmes résultats du même désordre, c'est-à-dire oppression, délire, lassitude de l'anarchie et retour discrétionnaire aux anciens princes. Quoi que l'on fasse, il en sera toujours de même: c'est un cercle vicieux d'où les amateurs de mouvemens populaires ne sortiront jamais.

Que si le lecteur me demande avec indignation pourquoi, l'ayant d'abord leurré d'un morceau friand et *de peuple*, tel que les Lettres sur la Saint-Barthélemy, je termine cette publication par un document aussi impopulaire que doit l'être, par le temps qui court, la Lettre des Seize, je

---

(1) Sous Jean-le-Bon, sous Charles VI, sous Henri III, et sous Louis XVI.

répondrai en citant humblement ces vers
du Tasse :

Così all' egro fanciul porgiamo aspersi
Di soave licor gli orli del vaso :
Succhi amari ingannato intanto ei beve,
E dall' inganno suo vita riceve.

P. P.

LETTRE DES SEIZE

AU ROI D'ESPAGNE

PHILIPPE SECOND.

SIRE,

Votre Catholique Maiesté nous ayant été tant bénigne que de nous avoir fait entendre par le très religieux et révérend père Matthieu, non seulement ses saintes intentions au bien général de la religion, mais particulièrement ses bonnes affections en faveur de ceste cité de Paris, naguère très florissante, maintenant fort désolée; nous a induit à prendre la hardiesse de lui écrire pour lui faire recognoissance des estroites obligations que nous lui devons, et pour épandre en son sein, qu'elle

nous ouvre comme à ses enfans, nos larmes
et douloureuses complaintes.

Quant aux obligations, nous recognoissons
et confessons devant le ciel et toute la terre,
qu'après l'assistence et conduite de Dieu, nous
retenons jusques à maintenant la sainte religion catholique, apostolique et romaine, de
Votre Catholique Maiesté, du secours de laquelle nous avons été soutenus et advancés
dès le commencement; qu'après la mort du
duc d'Anjou, celui que nous recognoissions
roi tenta d'introduire l'hérétique à la succes-
sion de cette couronne, et que les princes
catholiques du royaume résolurent de s'y opposer. Ce que dès lors nous déclara le bon et
valeureux duc de Guise, afin que, par igno-
rance, ne fussions ingrats à Votre Catholique
Maiesté : lequel secours, sans aucune ambi-
tieuse prétention, il lui plaît continuer jusques à maintenant, laissant et remettant à
un autre temps beaucoup de belles occasions
qui s'offrent, et réussiroient à son bien par-

ticulier; ce qui nous est une obligation si grande, que nous ne estimons point que nous la puissions acquitter, tant estroite, que quiconque de notre nation ne se recognoît, pour s'advouer perpétuellement très obligé serviteur à Votre Catholique Maiesté et à la postérité d'ycelle, nous le tenons pour ennemy de Dieu, de la religion, du repos et paix publique de cet Etat, voire de toute la chrétienté.

Quant à nos larmes, deux maux les nous font répandre : le premier, l'affliction générale de la maison de Dieu, la longue continuation d'icelle, la pollution des saincts temples, la ruine des sacrés autels, la discontinuation en beaucoup de lieux du sainct sacrifice et de toute la liturgie des chrétiens, les cruelles et inhumaines persécutions contre les prêtres et prophètes de Dieu, les sainctes vierges à Dieu sacrées, corrompues et violées par ce puant bouc et les siens, la perte de tant d'âmes qui périssent par l'hérésie, notre ville comme déserte, nos beaux colléges vuides, notre université dépeuplée n'y restant en bon nombre que la Faculté de Théologie, laquelle, tant ici que par tout le reste du royaume, par ses divines admonitions et exortations, tant verbales que par écript, étreint tousjours plus étroictement la saincte union entre les princes, seigneurs et peuple catholique. Mais ce qui nous poind de plus de douleur, est de voir combien lentement se faict l'œuvre, lequel, par la bénédiction divine, pourroit apporter remède à tant de maux et les arrêter, si plus de diligence y estoit employée. Le second, c'est la misère particulière de ceste ville tant excellente et renommée par tout le monde, laquelle misère est telle, que nos pères n'en ont oy parler en ce royaume de plus étrange, ny peut-être de semblable; dont nous sommes tellement oppressés, qu'à grand peine pouvons-nous respirer, et en serions de bref du tout opprimés sans secours humain, si Votre Catholique Majesté n'en prenoit le soin, la punition et défense.

Mais Dieu, qui, par son infinie bonté, ne permettant que les siens soient tentés outre leur portée, donne bonne issue avec la tentation, afin qu'ils ne succombent sous icelle, nous a recréés de deux bonnes nouvelles; savoir : cette saincte affection et résolution de Votre Catholique Maiesté envers le général de la cause de la religion, et le particulier de Paris. Incitant à faire de même *la Sainctseté*, jà fort inclinée à secourir ses ouailles persécutées, pour subvenir à ce bon peuple, et le relever de ses souffrances. Particulièrement ceulx, lesquels, pour s'estre les premiers plus courageusement et constamment employés à ce sainct œuvre, sont pressés de grandes incommodités; nouvelle, à la vérité, qui redouble à tous le courage pour porter plus alégrement cette pesante croix, et de laquelle nous faisons participantes les autres grandes et nobles cités de la sainte union catholique, afin que, s'esjouissans avec nous, elles en rendent pareilles grâces et en facent recognoissance. Deux ou trois jours auparavant, nous avons sceu la délivrance de ce jeune prince duc de Guise, fils du premier martyr, en ce royaume, de sa qualité, depuis ces présentes persécutions excitées contre l'Église; duquel nous avons tous tant d'espérance, et les ennemis tant de crainte, pour les belles vertus, desquelles on le remarque être doué de Dieu, que chacun l'estime entre nos princes seul de son aage de telle et si grande expectation. Nous espérons que Dieu ne mettra en oubly ses longues et injustes souffrances, son innocence persécutée, et qu'il bénira la pureté des mains d'iceluy pour les employer à la diligente exécution et consommation de son œuvre en ceste cause, sous l'ombre, faveur et ayde de Votre Catholique Maiesté.

Ces deux bonnes nouvelles, qui nous apportent tant d'alégresse, nous ont été rendues durant le mois d'aoust, lequel, depuys quelques années, selon la signification du mot, Dieu nous a rendu prospère en ceste même cause. Comme, l'an 1572, les conspirations de Chastillon, admiral de France, recognues, fut ignominieusement traité selon ses démérites. Ce royaume, et les États de V. C. M. en la Gaule belgique et Germanie inférieure, furent garantis de l'invasion qu'en prétendoient faire les hérétiques. Depuis, assez long-temps après, une ligue très dangereuse poursuivie et avancée pour le Béarnois par aucun des premiers du parlement et autres cours souveraines séantes à Paris, fut en ce même mois découverte, intermise, voire le cours d'icelle arrêté du tout. Il y a deux ans que ceste cité siégée fut miraculeusement délivrée par la mort étrange et inopinée de celuy que nous avions recognu pour roi, mais pour ses perfidies envers Dieu et les hommes rejetté. L'année dernière passée 1590, que notre ennemy nous tenoit, par l'espace de quatre mois, fort étroitement siégés, nous fûmes garantis en ce mois de plusieurs grands périls que les traîtres demeurés en ceste cité nous avoient préparés

par divers moyens. Et finallement nous fûmes
délivrés de ce long et cruel siége par les armes
de Votre Catholique Maiesté, soubs la pru-
dente et généreuse conduite du duc de Parme,
lequel y vint tant à propos, que trois ou quatre
jours de remise nous contraignoient ouvrir les
portes à notre ennemy, soubs conditions ini-
ques, cruelles et misérables, ou nous atti-
roient la mort; comme desjà fort grand nombre étoient péris de faim, ne nous restant plus
de quoy vivre dès trois ou quatre jours passez, dont est tesmoing oculaire dom Bernar-
din de Madoze, ambassadeur de Votre Catholique Majesté, lequel souffrant avec nous les
mêmes nécessités, a fait des libéralités aux
pauvres et à la cause publique, dignes de la
grandeur de son maître.

C'est une merveille surpassant le sens humain, que ce grand peuple parisien, lequel
n'avoit accoutumé que l'aise, se soit ainsi ré-
solu de souffrir tant de disette, voire plutôt
mourir ou endurer plus grandes cruautés que

de subir au joug de l'hérésie; mais le Saint-Esprit souffle où il luy plaît, et, par l'inspiration d'icelluy, les hommes prennent résolution d'entreprendre les choses au jugement humain impossibles, et souffrir les maux et tourmens aux forces humaines importables. Cette grâce divine, tant abondamment élargie à ce peuple dévot, l'a tellement fortifié, qu'il a méprisé, foulé aux pieds et mis en oubly les aises et délices qui lui étoient ordinaires, entre lesquelles il est nay, pour s'exposer à souffrir toutes sortes de pertes, d'incommoditez et misères des biens et des corps, et la mort même, plustôt que voir la ruine de la divine religion en laquelle il a receu naissance, baptême et nourriture, et l'hérésie voguer au lieu d'icelle, et triompher de ses dépouilles.

Dieu se sert et s'est servy entre les plus grands combats pour ce grand œuvre, des saintes et prophétiques prédications, exortations et advis de nos bons pères de la Faculté de Théologie, maîtres de nos consciences, et de la dilligence, veilles continuelles et résistence au mal, qu'il luy a pleu faire la grâce à notre compagnie des seize quartiers de la ville de Paris d'y pouvoir apporter, de laquelle ces bons docteurs sont modérateurs èt y président; sans l'avis et conduicte desquels elle ne fait aucune résolution ny entreprise, tant est étroicte entre eux et nous l'union, et de nous à eux grande la révérence et promptè l'obéissance, comme des enfans aux pères, et des soldats à leurs capitaines.

Sous ceste conduicte, nous avons souffert tout ce qui étoit possible de souffrir de disette et toutes sortes de nécessitez et misères, lesquelles ne nous sont encore allégées. Ains, croissant de jour en jour, nous tiennent sur le point d'en être accablez, si Dieu, du ciel, ne nous suscite un libéral bienfaiteur, lequel nous tende sa main charitable, paternelle et puissante, pour nous relever de notre trébuchement, et nous faisant respirer soubs ce fardeau qui nous est insuportable, nous retirer du précipice auquel on nous a tirez, et nous est, sans ce secours, inévitable.

Car Paris ayant long-temps porté tout le faix de la guerre, frayé plus de cinq millions d'or, tant pour lever l'armée généralle plusieurs fois décheue, plusieurs fois remontée, que pour les armées particulières des provinces, jusques à ce qu'il aye pleu à Votre Catholique Maiesté l'en soulager : n'ayant aussy depuis trois années rien recueilly de ses terres et héritaiges, rien perceu de ses rentes, les officiers rien receu de leurs gaiges, ny les marchands fait aucun traffic, qui sont les quattre moyens qui souloient la remplir et luy apporter splendeur, il est impossible qu'elle ne soit fort dénuée; le peuple, voire les plus riches, chargés de la misère des plus pauvres et des hôpitaux, ne soient réduicts en grande nécessitez.

Nous espérons en Dieu que, de bref, les armées de la Saincteté et de Votre Catholique Maiesté jointes, elles nous délivreront des

grandes oppressions de notre ennemy, lequel
nous tient jusques à maintenant, depuis un
an et demy, bloquez de toutes parts, sans que
rien puisse entrer dans cette cité qu'avec ha-
zard ou par la force des armes; et s'efforceroit
de passer outre, s'il ne redoutoit les garnisons
qu'il a pleu à Votre Catholique Maiesté nous
ordonner de gens de guerre, pris d'entre vos
subiectz, desquels nous recevons ung grand
contentement pour leur zèle en la religion,
leur valleur au combat, leur modestie entre
nous, et la prompte obéissance qu'ils rendent
à leurs chefs, qui prudemment les conduisent,
et sagement les commandent. Mais nous avons
un extrême regret que nos nécessitez si grandes ne nous permettent leur rendre le traite-
ment tel que nous désirons. Ce qu'eux reco-
gnoissans bien, se savent condouloir avec
nous, et compâtir en nos disettes.

Une chose reste pour, par l'ayde de Votre
Catholique Maiesté, soubs la bénédiction de
Dieu, remédier à nos misères, sçavoir, que

nous ayons ung Roy déclaré, receu avec les solennitez accoutumées, selon le prudent et chrétien conseil de Votre Catholique Maiesté, pour redresser sur nous la monarchie, forme de gouvernement et domination, laquelle, comme la plus digne, est tellement naturelle à notre nation, que sans icelle ce grand État ne peut demeurer paisible ny subsister.

Pour parvenir à ce point, auquel tendent tous les trois ordres de ce royaume, nous nous remettons à la providence et volonté de la Saincteté et de Votre Catholique Maiesté, comme, par arrest en l'hostel de notre ville, l'article en a été posé, pour principalle pièce de nos cayers, contenantz ce qui se doit remontrer et requérir, et que tous désirent conclure aux États convoqués à Reims, moins commodément qu'à Paris; auquel article toutes les autres villes de l'union concurront, et pour faire cognoître ce qu'après continuelles supplications publiques et prières particulières à Dieu, tous sentent de ce désir engravé dedans

le plus bel endroit et au plus profond de leurs
âmes, nous pouvons certainement asseurer
Votre Catholique Maiesté que les vœux et
souhaits de tous les catholiques sont de voir
Votre Catholique Maiesté tenir le sceptre de
cette couronne et régner sur nous, comme
nous nous jettons très volontiers entre ses
bras, ainsy que de notre père, ou bien qu'elle
en y établisse quelqu'un de sa postérité. Que
si nous en donner une autre qu'elle-même
luy est plus agréable, qu'elle se choisisse un
gendre, lequel, avec toutes les meilleures affections, toute la dévotion et obéissance qu'y
peut apporter un bon et fidèle peuple, nous
recevrons Roy et lui obéirons. Car nous espérons tant de la bénédiction de Dieu sur cette
alliance, que ce que jadis nous avons receu
de cette grande et très chrétienne princesse
Blanche de Castille, mère de notre chrétien et
religieux roy saint Loys, nous le recevrons,
voire au double, de cette grande et vertueuse
princesse, fille de Votre Catholique Maiesté;

laquelle, pour ses rares vertus, arrête tous nos yeux à son object, y replendissant l'union du sang de France et d'Espaigne, pour en alliance perpétuelle faire fraterniser ces deux grandes monarchies soubs leurs Rois, à l'advancement de la gloire de notre Seigneur Jésus-Christ, splendeur de son Église, et union de tous les habitans de la terre soubs les enseignes du christianisme, comme Votre Catholique Maiesté, avec tant de signallées et triomphantes victoires, soubs la faveur divine, a, par ses armes, fait très grands progrès et advancementz. Lesquels nous supplions Dieu, qui est le seigneur des batailles, continuer avec telz accroissementz que l'œuvre en soit bientôt accomply : et pour ce faire, prolonger à Votre Catholique Maiesté, en perfecte santé, la vie très heureuse, combler de victoires et triomphes de tous ses ennemis.

A Paris, ce 20ᵉ jour de septembre 1591.

Le révérend père Matthieu, présent porteur, lequel nous a beaucoup édifiez, est bien instruit de nos affaires.

Il suppléra au défaut de nos lettres envers Votre Catholique Majesté, laquelle nous supplions bien humblement adjouter foy à ce qu'il luy en rapportera.

Vos très humbles, très affectionnés et très obligés serviteurs, les gens tenans le conseil des seize quartiers de la ville de Paris.

1. B. Martin, docteur théologien.
2. Soly, l'ung des cappitaines de la ville, et conseiller au Conseil général de l'Unyon.
3. Ménagier, l'un des cappitaines de l'Université.
4. Raynssant, colonel au quartier de la Cité.
5. F. M. de Cromé, conseiller au grand Conseil du Roy.
6. C. Sanguin, chanoine de l'Esglise de Paris.
7. Ameline, avocat de la Compagnie des Seize.
8. Louschard, commiss.
9. Turquet, collonnel au quartier et paroisse St-Jacques de la Bouch.
10. Génébrard, docteur et professeur du Roy.
11. Isnard Capelle.
12. J. Hamilton, curé de Saint-Cosme.
13. Crucé, cappitaine en l'Université.
14. De Launoy, l'ung de ceux qui président au Conseil.
15. De la Bruyère.
16. Acarie, conseiller et maître ordinaire en la Chambre des Comptes.

FIN.

www.ingramcontent.com/pod-product-compliance
Lightning Source LLC
Chambersburg PA
CBHW051723090426
42738CB00010B/2049